Kreatives und künstlerisches Gestalten in Freizeit und Beruf –
dafür steht der Name CHRISTOPHORUS seit mehr als 30 Jahren.
Jedes CHRISTOPHORUS-BUCH ist mit viel Sorgfalt erarbeitet:
Damit Sie Spaß und Erfolg beim Gestalten haben –
und Freude an unverwechselbaren Ergebnissen.

Mein großes Weihnachts-Bastelbuch

DIE SCHÖNSTEN IDEEN FÜR KLEINE HÄNDE

Erika Bock, Kathleen Lützner,
Ursula Ritter, Sybille Rogaczewski-Nogai,
Martha Steinmeyer, Birgit Utermarck

CHRISTOPHORUS

Inhalt

Es weihnachtet sehr!

Jedes Jahr in der Vorweihnachtszeit sind wir alle damit beschäftigt, uns auf das große Fest vorzubereiten. Wir basteln viele schöne Dinge, um unser Heim zu schmücken und um an Heilig Abend einem lieben Menschen Freude zu bereiten. Dabei wollen vor allem unsere Kinder mithelfen und selbst ein Tischlicht, einen Baumanhänger oder eine kleine Überraschung basteln.
In diesem Buch finden Sie viele Anregungen, die Ihre Kinder allein oder mit ein bisschen Hilfe ganz leicht selbst umsetzen können.

Verschiedene Wichtel, Eisbären aus Tonkarton, Nikoläuse und Engel aus Wellpappe sorgen mit Kerzen für eine wohlige Atmosphäre auf dem Tisch. Engel aus Volumenvlies, Anhänger aus marmorierten Styropor-Formen oder Glitzersterne aus Modelliermasse sind für den Christbaum gedacht. Für das Fenster ist ein Nikolausmobile dabei, außerdem Sterne aus Transparentpapier, Karton und Alu-Bastelfolie zum Falten, Ausschneiden, Stanzen und Kleben. Auch die Weihnachtspost kann von den Kindern mitgestaltet werden. Karten mit Sternen in 3D oder mit lustigen Gesichtern, außerdem mit Hirten und Schäfchen sind Möglichkeiten, wie auch die Kleinen ihre persönliche Note mit einbringen können.

Und natürlich darf die Weihnachtsüberraschung nicht fehlen! Eine Schneemannfamilie mit Teelichtern oder mit Wachsformen beklebte Kerzen sind wunderbare Geschenk-Ideen. Tolle Verpackungen runden das Ganze dann ab. In weihnachtlich verzierten Schachteln oder Säckchen aus Filz, Stoff oder Papier sind die kleinen Überraschungen versteckt. Da können ein Elch oder ein Bär herausgucken oder bunte Stanzteile zur Verzierung angebracht werden. Vielleicht kommen aber auch glitzernde Kristallsterne oder Namensanhänger mit bunten Holzperlen besser an? Schließlich können Sie Ihren Lieblingen die Adventszeit zusätzlich mit tollen Adventskalendern versüßen. Mit gefalteten Schiffchen, Schaukelpferdchen oder Weihnachtsbäumen kommt das Christkind jeden Tag ein Stück näher!

Lassen Sie sich von den Ideen inspirieren und lassen Sie Ihren Kindern Freiheit in der Umsetzung ihrer Fantasien. Und wenn manches Material so nicht vorhanden sein sollte, dann haben Sie vielleicht ein ähnliches griffbereit, das bei Ihren Kindern vielleicht noch besser ankommt?

Viel Spaß beim Weihnachtsbasteln wünschen Ihnen und Ihren Kindern ganz herzlich
Ihre Autorinnen!

Material & Technik

Grundmaterial

Papiere
Größere Motive am besten aus Fotokarton oder Wellpappe, kleinere aus Tonpapier arbeiten. Diese Papiere gibt es in uni, aber auch mit verschiedenen Mustern bedruckt, z. B. Sterne. Verzierungen aus Strohseide und Geschenkpapier setzen besondere Akzente. Für Fensterbilder eignet sich gut Transparentpapier.

Übertragen der Vorlagen
Die Motivteile direkt mit Kohlepapier auf das ausgewählte Material übertragen. Möglich ist auch, transparentes Zeichenpapier auf die Vorlage zu legen und alle Linien mit einem weichen Bleistift nachzuziehen. Dann das Transparentpapier mit der bemalten Seite nach unten auf das Werkmaterial legen und die Konturen ein zweites Mal mit einem harten Bleistift nachfahren und damit durchdrücken.

Anfertigen von Schablonen
Werden viele gleiche Motivteile benötigt, am besten Schablonen anfertigen. Dafür die Vorlage mit Kohlepapier auf festen Karton übertragen und ausschneiden. Dann die Schablone auf das ausgewählte Material legen und die Umrisse mit Bleistift nachfahren. So lassen sich auch schnell und einfach gegengleiche Motivteile für beidseitig gestaltete Fensterbilder herstellen.

Schneiden
Kinder sollten aus Sicherheitsgründen mit einer abgerundeten Kinderschere arbeiten. Beim Schneiden das Werkstück in der Hand drehen. Bleistift- oder Pauslinien wegschneiden oder später mit einem sauberen, weichen Radiergummi entfernen. Sehr einfach und dekorativ sind auch Stanzformen, Motivlocher oder -scheren.

Kleben
Für die meisten Arbeiten eignet sich ein Alleskleber. Den Klebstoff immer sehr sparsam und etwas vom Rand entfernt auftragen, damit beim Zusammenpressen der Teile nichts hervorquillt. Für das Aufeinanderkleben von glatten Papierteilen am besten einen Klebestift verwenden.

Faltsterne

1. Alle Spitzen eines Sterns bestehen aus einer einheitlichen Grundform. Nach dieser Grudform zunächst in den angegebenen Maßen eine exakte Schablone aus Karton oder dünner Pappe anfertigen.

2. Die Schablone auf Transparentpapier legen und die Umrisse mit einem weichen spitzen Bleistift sorgfältig nachzeichnen. Die Anzahl der benötigten Elemente ist jeweils angegeben.

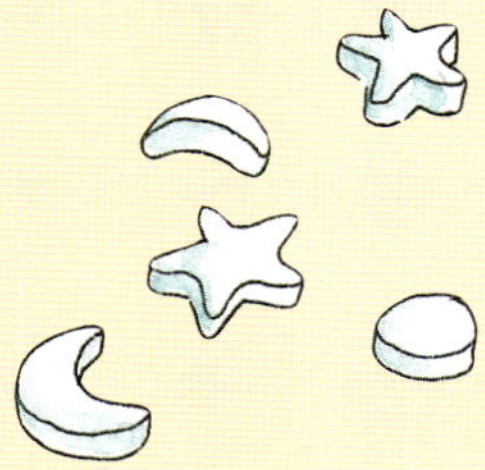

3. Die Grundform ausschneiden, dabei Bleistiftlinien möglichst wegschneiden. Anschließend nach den Schritt-für-Schritt-Zeichnungen auf dem Vorlagebogen präzise falten und die fertig gestellten Sternspitzen zusammenkleben.

Tischlichter

1. Alle Teile ausschneiden. Den inneren Kreis, in den das Teelicht eingesetzt wird, nicht ausschneiden, sondern mit dem Cutter sternförmig einschneiden. Hier sollte unbedingt ein Erwachsener helfen!

2. Damit sich der Fotokarton leichter knicken lässt, den Kreis mit der geöffneten Scherenspitze leicht anritzen.

3. Die Zacken nach innen knicken und die Spitzen abschneiden. Das Teelicht einstecken. Bitte beachten: Die Größe der Teelichter ist einheitlich.

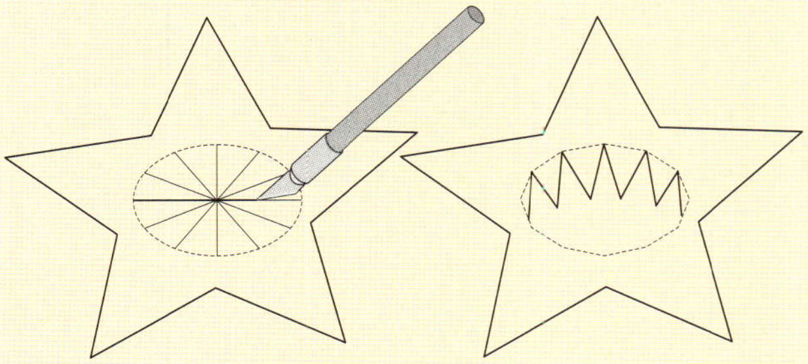

Achhtung: Kerzen bitte nicht ohne Aufsicht brennen lassen!

Kerzengestaltung

Wachsplatten werden transparent, einfarbig, gemustert und in metallic angeboten. Sie sind 1mm dick, die Größe ist meist 10 x 20 cm.

Stanzformen

Motivlocher oder Ausstechformen eignen sich dazu, Motive aus Wachsplatten auszustanzen und diese an anderer Stelle anzubringen. Die Platten dazu zwischen zwei Schichten Transparentpapier legen. Wenn sie vorher im Kühlschrank lagen, lassen sie sich besser zuschneiden. Das Schutzpapier von der Wachsplatte erst nach dem Ausstanzen entfernen. Anschließend auf der Kerze anbringen, dazu einfach andrücken. Einfache Handwärme genügt. Die gestanzten Platten an sich eignen sich ebenfalls als gestalterisches Element, eine zusätzliche Bearbeitung mit Zierrandscheren unterstützt ihre dekorative Wirkung.

Für den Weihnachtstisch

Nikolaus im Wald

Material

- 1 hohes Einmachglas
- Vlieseline
- Seidenpapier oder Strohseide in Hellgrün, Dunkelgrün
- Knete in Weiß, Rot
- Holzkugel, 2 cm Ø
- Sand
- Teelicht

Zusätzlich

- Filzstift in Rot, Schwarz
- Lackstift oder Tipp-Ex in Weiß
- Kleister

1 Aus grünem Seidenpapier oder Strohseide viele spitze Dreiecke schneiden, mit Kleister überlappend auf das Glas kleben. An einer Seite ein Guckloch frei lassen.

2 Vlieseline in 2,5 cm breite Streifen schneiden. Einen Streifen unten um das Glas kleben, den zweiten oben anbringen und zur Schleife binden.

3 Mit Lackstift weiße Schneeflocken auftupfen. Sand einfüllen bis zur Höhe des Vlieselinestreifens. Das Teelicht hinter dem Guckloch tief in den Sand stecken.

4 Aus roter Knetmasse einen spitzen Kegel formen. Unterhalb der Mütze einen Einschnitt anbringen, die Holzkugel eindrücken. Den Zipfel der Mütze etwas nach rechts biegen. Weiße Knete als Bart und als Pelzrand an der Mütze anbringen.

5 Mit Filzstiften Mund und Augen auf die Kugel malen. Den Nikolaus in die Mitte des Glases stellen.

Tipp

Wenn Sie weiße Knetmasse durch die Knoblauchpresse drücken, können Sie ganz einfach einen Bart gestalten!

Apfelmännchen

Material

- Pro Figur 1 Apfel und 1 Mandarine
- Zahnstocher
- Filz oder Fleece in verschiedenen Farben
- Tonkarton in Gelb
- Biegedraht in Schwarz
- Strohhalm
- Wollfaden
- Puppenkerzen

Zusätzlich

- Schmuckzange
- Filzstifte in Rot, Schwarz

Vorlagen 1, 2
Seite 72

1 Vier Zahnstocher oben in den Apfel stecken, zur Hälfte überstehen lassen. Die Mandarine darauf setzen.

2 Einen Filzstreifen, 7 x 22 cm, als Mütze um die Mandarine wickeln, oben mit einem Wollfaden zusammenbinden.

3 Für den Schal einen Filzstreifen, 2 x 30 cm, an den Enden fransig einschneiden und um den Hals winden. Augen und Mund mit Filzstiften aufmalen oder Rosinenaugen aufkleben.

4 Mithilfe einer Schmuckzange Arme mit Händen oder Spiralen an den Enden formen und seitlich in den Apfel stecken.

5 Den Apfelmännchen Puppenkerzen, ein Notenband (Vorlage 1) oder einen Stern (Vorlage 2) in die Hand geben. Das Notenband von der Vorlage abkopieren, den Stern aus gelbem Tonkarton arbeiten.

piano
forte
piano

Eisbären

Material

- Moonrock-Papier in Weiß
- Fotokarton in Weiß
- Strohseide in Weiß
- Hologrammfolie in Silber
- Tonpapier in Türkis und Hellblau
- Motivlocher „Eiskristall“
- Filzstift in Schwarz
- Zierrandschere

Vorlagen 3, 4
Seiten 72/73

Tischlaterne mit Tannenbäumen

1 Die Grundform vom Vorlagebogen auf Fotokarton übertragen und ausschneiden. Mit dem Motivlocher Eiskristalle aus den Tannenbäumen stanzen. Die Faltlinien falzen und die Tischlaterne an den untersten Tannenspitzen zusammenkleben.

2 Einen Streifen Strohseide von ca. 30 x 8 cm zuschneiden, dabei den oberen Rand mit einer Zierrandschere ausarbeiten. Die Strohseide in die Tischlaterne einkleben und außen mit gestanzten Kristallen verzieren.

Teelicht Eisbär

1 Nach der Vorlage eine Kartonschablone herstellen, auf Moonrock-Papier übertragen und nach der Anleitung von Seite 9 ausschneiden.

2 Das Gesicht zeichnen und den Schal aufkleben. Den Eisbären mit gestanzten Kristallen aus Hologrammfolie verzieren.

Serviettenhalter

Den Eisbären nach der Vorlage ausschneiden. Das Gesicht gestalten, Schal und Kristalle aufkleben und eine zusammengerollte Serviette durch die Öffnung stecken.

Tipp

Gestanzte Kristalle auf Bouillondraht auffädeln und zwischen die Eisbären legen.

Weihnachtsmänner

Material

- Sternen-Wellpappe in Rot
- Chenilledraht in Weiß
- Filz in Rot
- Fotokarton in Beige, Schwarz
- Pompons in Rot, 0,5 cm Ø
- Goldsternstreifen aus Papier
- Filzstift in Schwarz, Rot

Vorlage 5
Seite 73

1 Alle Motivteile nach der Vorlage ausschneiden.

2 Die Mütze zusammenkleben und mit Chenilledraht verzieren.

3 Das Gesicht ausarbeiten, den Bart aus Chenilledraht anpassen und einen roten Pompon als Nase fixieren.

4 Sterne auf dem Mantel platzieren. Einen Chenilledraht mittig am Saum des Vorderteils befestigen, an beiden Seiten ca. 2 cm nach innen biegen, wieder nach außen führen und an der Rückseite der Figur festkleben. Restlichen Draht abschneiden.

5 Die Arme ausarbeiten, auf den Mantel stecken und fixieren.

Leuchtsterne

Material

- Fotokarton oder Tonpapier in Grün
- Sternchen-Transparentpapier
- Sternchen-Faltblatt in Rot
- Klebesternchen
- Motivlocher „Stern“, „Eiskristall“

Vorlagen 6, 7
Seite 74

Weihnachtsbaum

1 Weihnachtsbaum und Stern nach der Vorlage ausschneiden. Sternformen aus dem Papierstern stanzen. Den Ausschnitt der Tanne mit Transparentpapier hinterkleben.

2 Die eingezeichnete Faltlinie an der Tanne falten und die beiden Klebestege am Einschnitt überlappend aufeinander kleben. Die Tanne auf dem Stern anbringen und beide mit Klebesternchen und Stanzmotiven verzieren.

3 Teelicht mit grünem Tonpapier ummanteln.

Stern

1 Quadratisches Faltpapier der Zeichnung entsprechend falten und einschneiden.

2 Einschnitte teilweise aufklappen, so dass sich ein symmetrisches Muster ergibt.

3 Teelicht mit Tonpapier ummanteln.

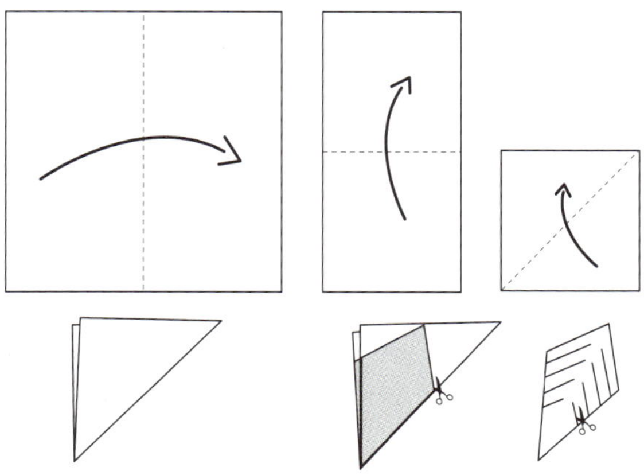

Engel & Niko

Material

- Naturpapier in Rot
- Velourspapier in Weiß
- Tonkarton in Weiß, Rosa
- Hologrammfolie in Silber
- Stifte in Rot, Schwarz
- Wollrest in Weiß
- Kunsthaar- oder Wollrest in Braun
- Klebesternchen in Silber
- Silberdraht
- Puppenkerze in Rot
- Kleine Zweige

Vorlagen 8, 9
Seiten 75/76

1 Die Körper von Engel und Nikolaus auf weißen Tonkarton und rotes Naturpapier übertragen und ausschneiden. Für die Arme aus denselben Papieren Streifen schneiden (18 x 2 cm). Diese über eine Tischkante ziehen, damit sie sich wölben, und hinten festkleben. Die Enden der Streifen als Hände aufrollen und fixieren. Die Körperformen an den Klebeflächen zusammenkleben.

2 Die Gesichter auf rosafarbenen Tonkarton übertragen und ausschneiden. Mund und Augen malen, mit roten Buntstiften die Wangen färben und die Gesichter aufkleben.

3 Für den Engel Flügel, Stern und Herz (Vorlage 8) aus Hologrammfolie ausschneiden. Flügel und Stern an Rücken und Bauch aufkleben. Das Herz mit gebogenem Silberdraht in die eine Hand einhängen, in die andere eine Puppenkerze einstecken.

4 Für den Nikolaus Bart, Mützenrand und den runden Mützenbommel (Vorlage 9) aus Velourspapier arbeiten. Alles aufkleben, dabei unter den Mützenrand Reste von Kunsthaaren oder brauner Wolle stecken. Kleine Zweige in die Hand geben.

Tipp

Die Bäuche können mit Süßigkeiten oder kleinen Geschenken gefüllt werden. Dann den Stern oder Bart erst nach dem Einfüllen der Gaben aufkleben.

Wir schmücken Fenster und Baum

Glitzersterne

Material

- Lufthärtende Modelliermasse
- Acryl-Metallicfarbe in Rosa, Rot, Violett, Flieder
- Hologramm-Flitter
- Glanz-Kordel in Rot

Zusätzlich

- Ausstechform Stern
- Wellholz
- Holzspieß
- Borstenpinsel

1 Modelliermasse 0,7 bis 1,5 cm dick ausrollen und Sterne ausstechen. Mit dem Holzspieß jeweils ein Loch durchstechen und trocknen lassen.

2 Die Sterne mit Metallicfarbe anmalen und in die noch feuchte Farbe Hologramm-Flitter streuen. Nach dem Trocknen Kordeln einziehen und verknoten.

Marmorierte Anhänger

Material

- Styroporformen, 4 – 8 cm
- Marmorierfarbe „Magic Marble" in Gelb, Orange, Rosa, Rot
- Styroporaufhänger
- Bändchen in Gelb, Orange, Rot

Zusätzlich

- Holzstäbchen
- Eimerchen oder alte Schüssel
- Blumensteckholz oder Styroporklotz

1. Die Styroporteile je auf ein Holzstäbchen stecken. Eimer oder Schüssel mit Wasser füllen (das größte Styroporteil muss sich vollständig darin versenken lassen).

2. Von zwei bis drei verschiedenen Farben nacheinander jeweils 3 – 4 Tropfen auf die Mitte des Wasserspiegels tropfen (je größer die Form, desto mehr Farbe wird benötigt). Mit einem Holzstäbchen die Farben vorsichtig ineinander ziehen.

3. Das Styroporteil am Stab halten und langsam durch die Farbe tauchen, bis das ganze Teil versenkt ist. Durch leichte Rührbewegungen schwimmt nun der Rest der Farbe an den Rand und die Styroporform kann herausgezogen werden.

4. Stäbchen zum Trocknen der Form in den Styroporklotz stecken (ca. 15 Minuten). Styroporaufhänger in die Teile drehen, Bändchen daran knoten.

Engel

Material

- Volumenvlies
- Tonkarton in Rosa
- Silberdraht
- 2 Perlen in Silber, 10 mm Ø
- Klebesternchen oder Silberfolie
- Putzwolle in Silber
- Garn in Weiß

Zusätzlich

- Stifte in Rot, Schwarz
- evtl. Nadel und Faden

Vorlagen 10, 11
Seite 77

1 Die Vorlage 10 vom Vorlagebogen auf Volumenvlies, die Gesichtsform zweimal auf Tonkarton in Rosa übertragen. Alles ausschneiden. Mit Filzstiften Mund und Augen malen. Die Wangen mit rotem Buntstift leicht einfärben. Am Haaransatz ein Loch stanzen, das schmale Geschenkband durchziehen und die Haare aus Putzwolle oder Garn mit einer Schleife fixieren.

2 Den Silberdraht dreimal um eine Papprolle winden, die beiden Perlen mit einziehen. Die Körperform nach oben biegen, den Silberdraht dazwischen legen und den hinteren und vorderen Halsausschnitt zusammenkleben oder -nähen. Die beiden Gesichter gegeneinander ankleben.

3 Dem Engel einen Stern (Vorlage 11) aus Silberfolie zwischen die Perlen kleben oder viele kleine Klebesternchen an zwei Drahtstücken herabhängen lassen.

Nikolaus-Mobile

Material

- Kleine Zweige
- Schnur
- Velourspapier in Rot, Schwarz
- Tonkarton in Weiß
- Pünktchenwellpappe in Weiß/Rot
- Glöckchen in Silber
- Wattebällchen
- Etwas Reisig

Zusätzlich

- Stifte in Rot, Schwarz

Vorlage 12
Seite 77

1 Vorlagen auf Wellpappe, Tonkarton oder Velourspapier übertragen, ausschneiden und Kleinteile kleben.

2 Mit Filzstiften Augen und Mund auftupfen und mit rotem Buntstift die Backen einfärben.

3 Einige Zweige zu einer kleinen Nikolausrute binden. Zwei Schnurstücke anbinden, daran alle Papierteile, Wattebausch, Reisig und Glöckchen festbinden. Schnur zum Aufhängen anbringen.

Tipp

Wer das Mobile frei im Raum aufhängen will, schneidet alle Teile doppelt und seitenverkehrt aus und klebt sie Rücken an Rücken aufeinander.

Sternen-zauber

Material

- Regenbogen-Transparentpapier

Grundform

- Rechteck 7 x 14 cm
- linke Sterne je 4 Stück
- rechter Stern 8 Stück

Falt- und Klebe-technik

Vorlagen 13, 14
Seiten 78/79

Anleitung Seiten 8/9

Folien-Sterne

Material

- Alu-Bastelfolie in Rot-Gold, z. B. mit Wellenprägung
- Aufhängefaden
- Karton für Schablonen
- Kohlepapier
- Bleistift
- Schere
- Klebstoff

Vorlage 15
Seite 80

1. Nach den Vorlagen Kartonschablonen anfertigen (Anleitung Seite 8/9), achtmal auf Alu-Bastelfolie übertragen und ausschneiden.
2. Zwei Ecken mit Hilfe eines runden Bleistiftes zur Mitte hin rollen und tütenförmig zusammenkleben.
3. Die Sternspitzen um einen Mittelpunkt oder einen Kreis anordnen und aneinander kleben.
4. Die Aufhängeschlaufe in eine der Tütenspitzen kleben.

Sternenglanz

Abbildung & Materialangaben Seiten 38/39

1. Alle Motive nach der Vorlage doppelt ausschneiden, Transparentpapier grob zuschneiden.
2. Sterne gegengleich aneinanderkleben, dabei Transparentpapier dazwischenlegen. Mit Stanzmotiven verzieren.

Sternen-glanz

Material

- Alu-Bastelfolie mit Sternchen in Silber, Blau, Hellgrün, Rot
- Transparentpapier in Rot, Grün, Weiß
- Motivlocher „Stern", „Eiskristall", klein und groß

Anleitung Seite 36

Vorlagen 16, 17
Seite 80

Weihnachtspost für dich!

Gelbe Sterne

Material

- Tonpapier in Gelb, Dunkelblau
- Metall- oder Hologrammpapier in Gold
- Motivstanzer „Stern"
- Gelstift in Silber oder Gold

Anleitung Seite 44

Vorlage 18
Seite 81

Lena

Sternenwichtel

Material

- Fotokarton in Gelb
- Regenbogen-Karton
- Sternchen-Karton in Blau-Gold, Weiß-Gold
- Metallpapier in Gold
- Briefumschläge in Hellblau, Rot
- Sternchen-Wellpappe in Rot-Gold, Weiß-Gold
- Wellpappe in Gold
- Pompon in Rot, 10 mm Ø
- Moosgummischeibe in Rot, 15 mm Ø
- Wackelaugen, 10 mm Ø
- Motivstanzer „Stern"
- Filzstift in Schwarz

Tipp

Papiere aus der Restekiste verwenden.

Vorlage 19
Seiten 82/83

Karte mit Sternenwichteln

1. Alle Teile nach der Vorlage ausschneiden. Die Karte (21 x 15 cm) aus Regenbogen-Karton schneiden und in der Mitte falten.

2. Den Stern aufkleben und ausgestalten. Die Karte mit gestanzten Sternen verzieren.

Sternenwichtel für Briefumschläge

1. Alle Teile nach der Vorlage ausschneiden. Die Mundöffnung mit dem Cutter schneiden. (Achtung: Hier muss ein Erwachsener helfen!) Den Stern ausgestalten.

2. Den Stern auf den Briefumschlag legen und die Umschlagspitze einstecken. Die obersten Sternzacken fixieren.

Gelbe Sterne

Abbildung & Materialangaben Seiten 42/43

1. Die Karten nach der Vorlage aus dunkelblauem Tonpapier zuschneiden und in der Mitte falten.

2. Auf der Kartenrückseite die Einschnitte an der Bruchkante anzeichnen und einschneiden. Die Stege von außen nach innen klappen, so dass sie einen rechten Winkel bilden.

3. Sterne und Mond ausschneiden und an den senkrechten Klebestegen fixieren. Die Karte mit gestanzten Sternchen verzieren und mit Gelstift in Silber oder Gold beschriften.

Schäfchen

Material

- Gesprenkelte Wellpappe in Natur oder Weiß-Grün, 24 x 17 cm
- Tonkartonreste in Weiß, Haut, Natur
- Maulbeerpapier in Dunkelgrün
- Strohseide in verschiedenen Grüntönen
- Rest Schafwolle
- Wolle oder Bast in Braun
- Holzstreuteile „Schäfchen“
- Dschungelmoos, ersatzweise Moos oder Heu
- Schmales Bändchen in Rot
- Velourspapier in Gelb, Weiß
- Federchen in Weiß oder Gelb
- Wattepads

Zusätzlich

- Stifte in Rot, Schwarz

Vorlagen 20, 21
Seiten 83/84

Hirtenkarte

1 Wellpappe zur Hälfte falten. Den Hirtenumhang und den Hut (Vorlage 21) auf dunkelgrünes Maulbeerpapier, das Gesicht auf hautfarbenen Tonkarton übertragen und alles ausschneiden. Mit Filzstiften Augen und Mund malen. Das Gesicht mit rotem Buntstift einfärben.

2 Das Gesicht auf die Körperform kleben, den Hut aufkleben, dabei etwas Schafwolle unter die Hutkrempe stecken. Eine kleine, rote Schleife auf dem Hut festkleben.

3 Den Hirten auf die Karte kleben, dabei die Arme nicht mit Klebstoff bestreichen. Dschungelmoos anbringen. Die Arme nach vorne biegen, mit einem Tropfen Klebstoff fixieren, ein Holzschäfchen zwischen die Arme legen.

Schäfchen

Wellpappe zur Karte falten. Strohseide und Maulbeerpapier in verschiedenen Grüntönen in Stücke reißen und so aufkleben, dass der Eindruck einer Landschaft entsteht.

Für die **Karte oben** drei Holzschäfchen aufkleben. Das Sternchen (Vorlage 21) auf weißen Tonkarton und gelbes Velourspapier übertragen, ausschneiden und auf die Karte kleben. Federchen als Schweif zwischen die Lagen legen.

Für die **Karte unten rechts** (Vorlage 20 Gesicht) Ohren und Haarbüschel aus weißem Velourspapier ausschneiden. Gesicht malen und die Ohren dahinter, den Haarbüschel darüber ankleben. Darauf ein Wattepad anbringen und in das aufgebauschte Pad kurze Stücke aus braunem Bast oder Wolle einkleben und die Enden mit Karton umwickeln. Stern aus rotem Velourspapier ausschneiden und aufsetzen.

für Omi

Kleine Geschenke

Schneemannfamilie

Material

- Papprollen
- Wellpappe in Weiß
- Sternchen-Wellpappe in Blau, Rot und Grün
- Rest von Fotokarton in Rot
- Wackelaugen, 7 mm Ø
- je Motiv eine halbe Holzperle in Rot, 6 mm Ø
- Schleifenband, je Motiv 5 mm breit und 8 cm lang
- Kordel in Blau-Gold, Rot-Gold, Grün-Gold, 17 cm
- Klebepunkte in Schwarz, 8 mm Ø
- je 1 Teelicht

1 Höhe und Umfang der Papprollen ausmessen und entsprechende Rechtecke aus Wellpappe schneiden.

2 Die weiße Wellpappe um die Papprolle kleben, mit Gummiringen fixieren. Für den Hut blaue, rote oder grüne Wellpappe 2 cm überlappend um die weiße Röhre kleben. Als Krempe einen 1 cm breiten Streifen mehrmals um den unteren Hutrand kleben (eventuell mehrere Streifen aneinander setzen). Oberhalb der Krempe eine Goldkordel rundherum ankleben.

3 Damit das Teelicht nicht in die Röhre rutscht, einen aufgerollten Wellpappestreifen hineinstecken.

4 Den Raum zwischen Hut und Teelicht mit einem Wellpappestreifen ausfüllen. Gesicht, Knöpfe und Schleife ankleben.

Kerzen im Glas

Material

- Kleine Stumpenkerzen in verschiedenen Farben
- Kleine Jogurt- oder Einmachgläser
- Verzierwachsfolie in verschiedenen Farben
- Transparentpapier
- Naturbast

Zusätzlich

- Tapetenkleister
- Mini-Ausstechförmchen
- Wachsplättchen

1 Mit den Ausstechförmchen verschiedene Motive aus der Verzierwachsfolie ausstechen und mit einfacher Handwärme auf die Kerze drücken.

2 Transparentpapier zerschnipseln, die Schnipsel mit Tapetenkleister außen auf die Gläser und um den oberen Rand kleben. Nach dem Trocknen ein Stück Bast um das Glas knoten. Kerze mit einem Wachsplättchen im Glas fixieren.

Elch und Bär

Material

- Tonkarton in Hellbraun, Rot, Gelb
- Filz in Braun oder Rot
- Velourspapier, Rest in Rot
- Filzstifte in Schwarz, Rot
- Perlgarn (Stickgarn) in Rot
- Glocken in Silber

Zusätzlich

- Sticknadel

Vorlagen 22, 23
Seite 85

1 Die Vorlage für Elch (22) oder Bär (23) vom Musterbogen auf braunen oder roten Tonkarton übertragen, ausschneiden. Augen, Nasen, Schnauze aufmalen oder rote Nase aus Velourspapier aufkleben.

2 Aus Filz einen Kreis (24 cm Ø) schneiden. Mit Perlgarn in einfachen Stichen den Kreis entlang sticken und die Endfäden zusammenziehen.

3 Beim Bär auf jeder Seite unterhalb der Sticklinie einen kleinen Schlitz anbringen, damit die Arme durchgesteckt werden können. Die Tierköpfe in die Filzbäuche stecken, Überraschungsgaben einfüllen, die Fäden zuziehen und zur Schleife binden. Wer mag, hängt kleine Glocken an die Fadenenden oder gibt dem Bär einen Stern (Vorlage 20) in die Hand.

Pina

Geschenkschachteln

Material

- Fotokarton in Gelb, Rot, Grün
- Sternchen-Karton in Rot, Grün
- Tonpapier in Weiß, Hautfarbe
- Wackelaugen, 8 mm Ø
- Pompon in Rot, 10 mm Ø
- Schmuckband in Rot, Rot-Grün
- Motivlocher „Stern“, „Schneekristall“

Vorlage 24
Seiten 86/87

1 Alle Teile nach den Vorlagen ausschneiden. Tipp: Je nach Größe des Geschenks, das verpackt werden soll, die Vorlagenzeichnungen mit dem Fotokopierer vergrößern oder verkleinern.

2 Die Geschenkverpackung falten und zusammenkleben. An den oberen Laschen jeweils eine Öffnung für das Band stanzen.

3 Die Vorderseite der Behälter mit Nikolaus oder Tanne bekleben.

4 Das Sternenband an den Einschnitten zusammenstecken und mit gestanzten Sternchen verzieren.

Kleine Säckchen

Material

- Stoff- oder Papierreste
- Naturbast in verschiedenen Farben
- Tonpapier in verschiedenen Farben

Zusätzlich

- Zacken- oder Zierrandschere
- Riesen-Motiv-Locher
- Zeitungspapier

1 Geschenk vorsichtig in Zeitungspapier knüllen, dass sich eine ungefähr runde Form ergibt.

2 Diese Kugel auf den Stoff legen und mit der Zackenschere einen Kreis ausschneiden: Der Rand soll rundum mindestens zweimal so breit sein wie die Kugel. Den Stoff um die Kugel legen und mit Bast zusammenbinden.

3 Um die Bastenden jeweils zwei gleiche ausgestanzte Papiermotive gegeneinander kleben.

Stern-Anhänger

Material

- Wellpappe in Weiß, Silber
- Selbstklebende Folie
- Glitter, Glitzerstreu, Streusternchen, Silberpuder
- Faden

Zusätzlich

- Nadel

Vorlage 25
Seite 88

1 Den Kristallstern (Vorlage 25) auf weiße und/oder silberne Wellpappe übertragen und ausschneiden. Die Öffnung in der Mitte des Schneekristalls mit dem Cutter herausschneiden.
Achtung: Hier ist die Hilfe von einem Erwachsenen notwendig!

2 Einen Kreis (5 cm Ø) aus Selbstklebefolie schneiden, das Schutzpapier abziehen und auf die glatte Seite des Kristalls kleben.

3 Die Form wenden und auf die Klebeseite allerlei Glitzersachen streuen. Aufhängefaden anbringen.

Perlen-Anhänger

Material

- Fotokarton in verschiedenen Farben
- Holzperlen
- Stickgarn

Zusätzlich

- stumpfe Sticknadel
- Lochzange

Vorlage 26
Seite 88

1 Verschiedene Formen (Vorlage 26) aus Fotokarton zuschneiden und beschriften.

2 Auf einen ca. 25 cm langen Faden mit Hilfe der Nadel bis zur Hälfte Perlen auffädeln, Faden durch das mit der Lochzange ausgestanzte Loch der Fotokartonform ziehen, dann weiter Perlen auffädeln. Die Fadenenden jeweils mit der letzten Perle verknoten.

Zoe von Leo
für Omi
für Mama und Papa

Noch 24 Tage

Schiffe

Material

- Tonpapier in Weiß
- Bastelfolie in Gold, Silber, Kupfer
- handgeschöpftes Geschenkpapier in Weiß, Hellblau, Orange
- Tonkarton in Türkisblau, Gelb
- Krepppapier in Blauviolett, Rotviolett, Orange, Gelb, Türkisblau, Dunkelblau
- Schaschlikstäbchen
- Flaschenkorken
- Stopfnadel
- selbstklebende Zahlen in Schwarz

Vorlagen 27
Seite 89

1 Aus Tonpapier und Bastelfolien für die kleineren Schiffe Rechtecke von 17 x 24 cm, für die größeren Rechtecke von 21 x 29 cm zuschneiden. Schiffe falten.

2 Für die Masten Schaschlikstäbe mit dem stumpfen Ende in Korkscheiben (Flaschenkorken) von etwa 2 cm Ø und 1 cm Höhe stecken. Spitze Enden der Stäbe durch die zuvor gekappten inneren Spitzen der Schiffe schieben. Korken als „Ständer" zwischen die unteren Schiffswände klemmen und eventuell festkleben.

3 Segel aus Geschenkpapier zuschneiden, mit einer dicken Stopfnadel Löcher hineinbohren und Masten hindurchstecken. An den Mastspitzen kleine Flaggen befestigen. Bordwände mit selbstklebenden Zahlen schmücken und die Schiffe mit verpackten Überraschungen füllen.

Tipp

Wer weniger Teile arbeiten will, legt kleine Geschenke zwischen die Schiffe, z. B. Kreisel, Bälle oder Bonbons.

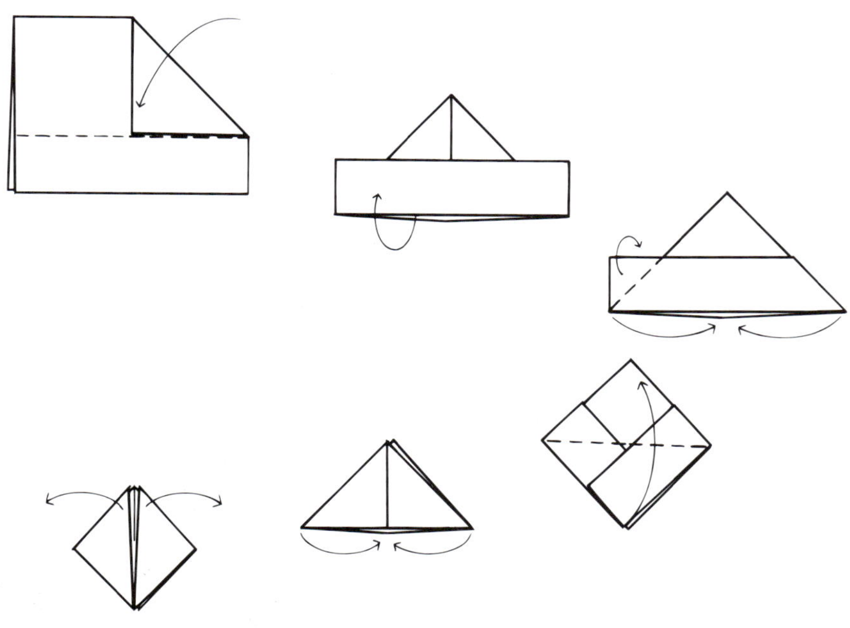

11
18
20
12
15
8
22

Schaukelpferdchen

Material

- Fotokarton in Gelb, Rot, Grün, Brauntönen
- Sternchen-Karton in Weiß, Rot
- Runde Käseschachteln, ca. 11,5 cm, 12,5 cm, 15,5 cm Ø
- Servietten in Rot
- Baumwolltwist in Dunkelgrün
- Zahlen zum Aufkleben
- Filzstift in Schwarz
- Gelstift in Weiß
- Pluster-Pen in Weiß, Gelb, Blau, Braun
- Zierrandschere

Anleitung Seite 70

Vorlagen 28 – 31
Seiten 89 – 91

15
10
17

Tannenbäume

Material

- Tonkarton in verschiedenen Grüntönen, Rot
- Schnipselkarton in Grün
- Maulbeerbaumpapier in Grün
- Wellpappe in Hellgrün, Dunkelgrün, Rot, Pink, Hellblau, Violett, Natur
- Satinband in Rot, Violett, Pink, Hellgrün, Blau, Türkis
- Filzstift in Schwarz
- Lochzange

Vorlagen 32 – 36
Seiten 92/93

1. Aus verschiedenem, grünem Karton 24 Tannenbäume in vier Größen zuschneiden.

2. Bäume falten, Vorder- und Rückseite mit Streifen, Punkten, Herzen, Sternen, Dreiecken und Bändern verzieren.

3. In die doppelten Tannenbaumspitzen ein Loch stanzen, jeweils etwa 20 cm Satinband hindurchziehen und zur Schleife binden.

4. Aus rotem Tonkarton Sterne zuschneiden, mit Zahlen beschriften und auf die Bänder ziehen. In die seitlich offenen Bäume kleine Geschenke schieben.

Schaukelpferdchen

Abbildung & Materialangaben Seiten 68/69

1. Für die Lebkuchenschachtel eine Schablone anfertigen, die Konturen auf Fotokarton übertragen und ausschneiden.

2. Schachtel falten bzw. zusammenkleben, eine Seite geöffnet lassen.

3. Lebkuchen-Konturen mit Pluster-Pen aufmalen, 6 Stunden trocknen lassen, dann mit dem Fön aufplustern.

4. Für die Schaukelpferdchen je nach Größe der Käseschachteln die passenden Köpfe, Schweife und Sättel auswählen, auf Fotokarton übertragen und ausschneiden.

5. Käseschachtelboden oder -deckel halbieren, ineinander stecken und mit Fotokarton bekleben. Konturen mit Pluster-Pen aufmalen (s. o.). Kopf und Schweif von innen fixieren. Satteldecke und Sattel anbringen, Zahlen aufkleben.

Vorlagen

1

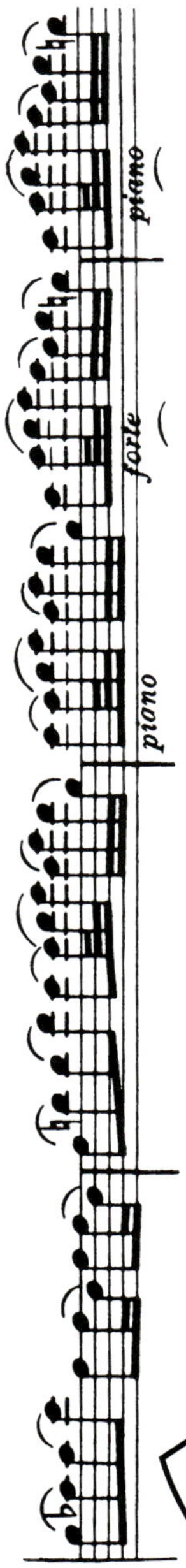

2

3

4

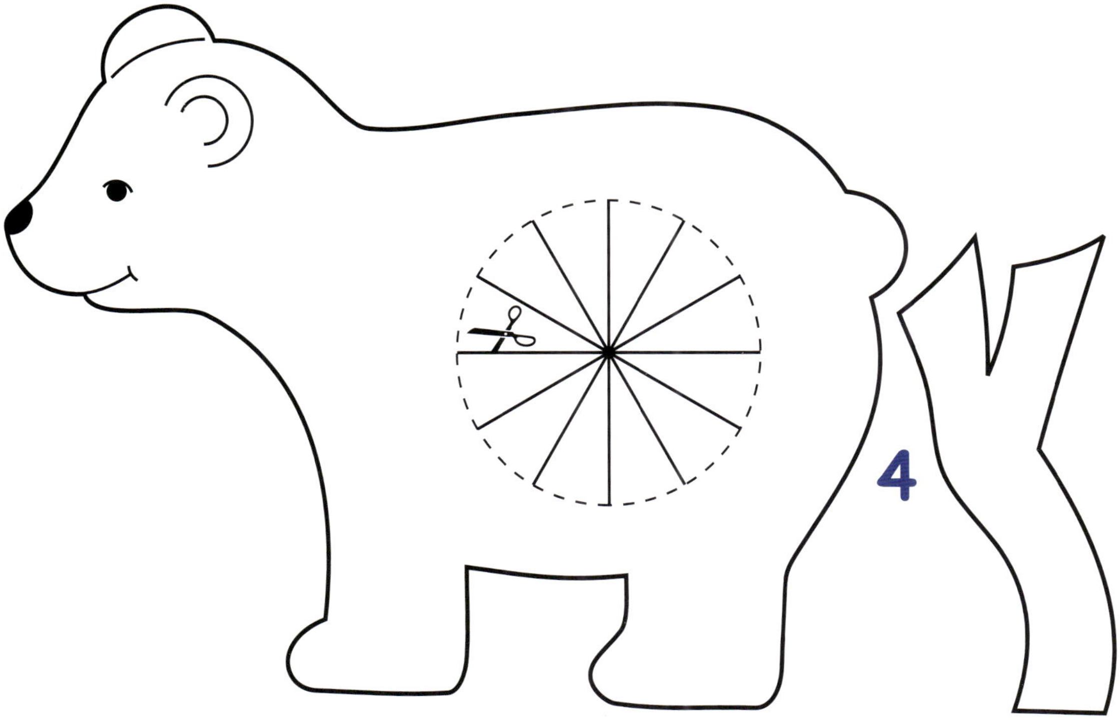

4

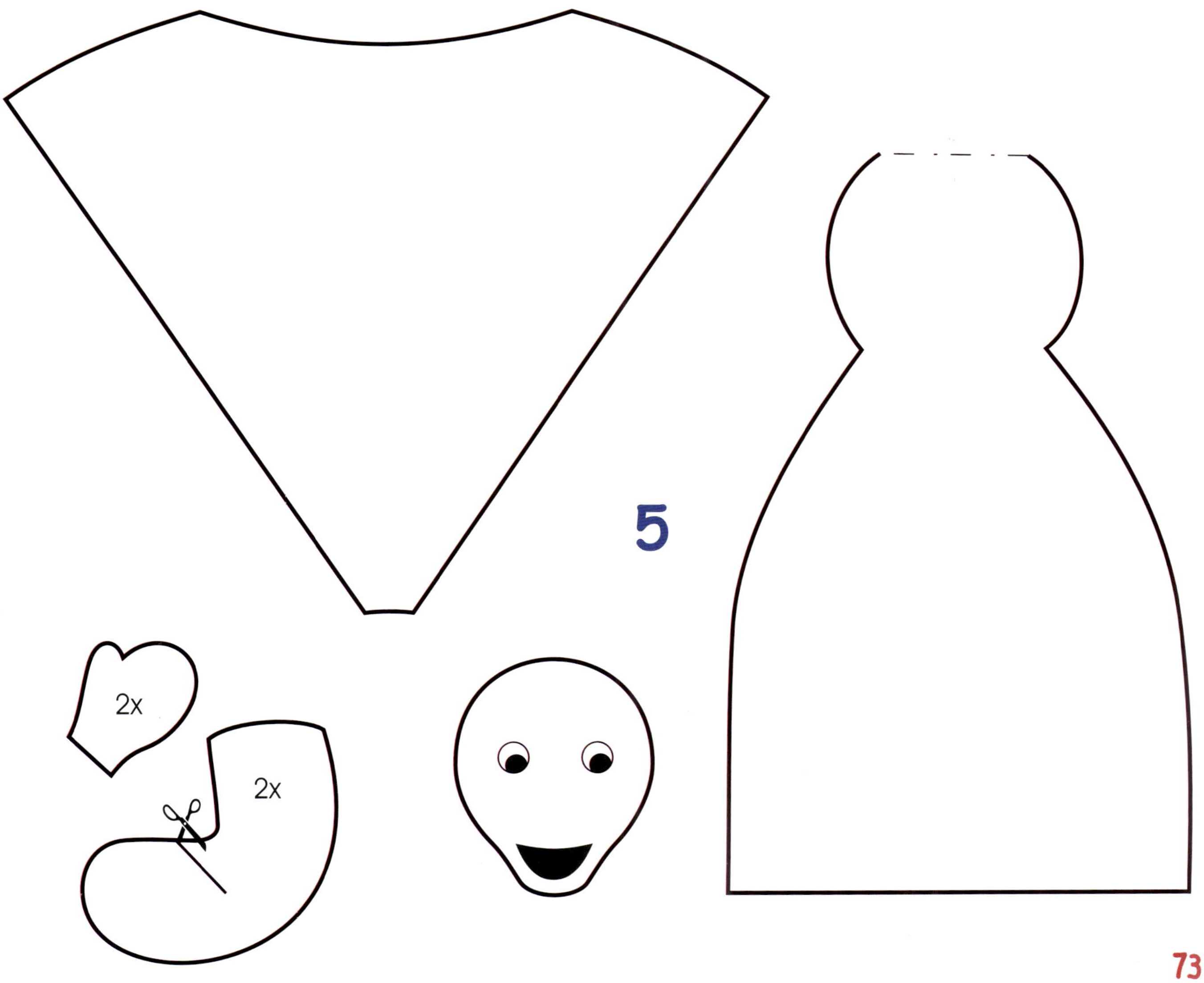

5

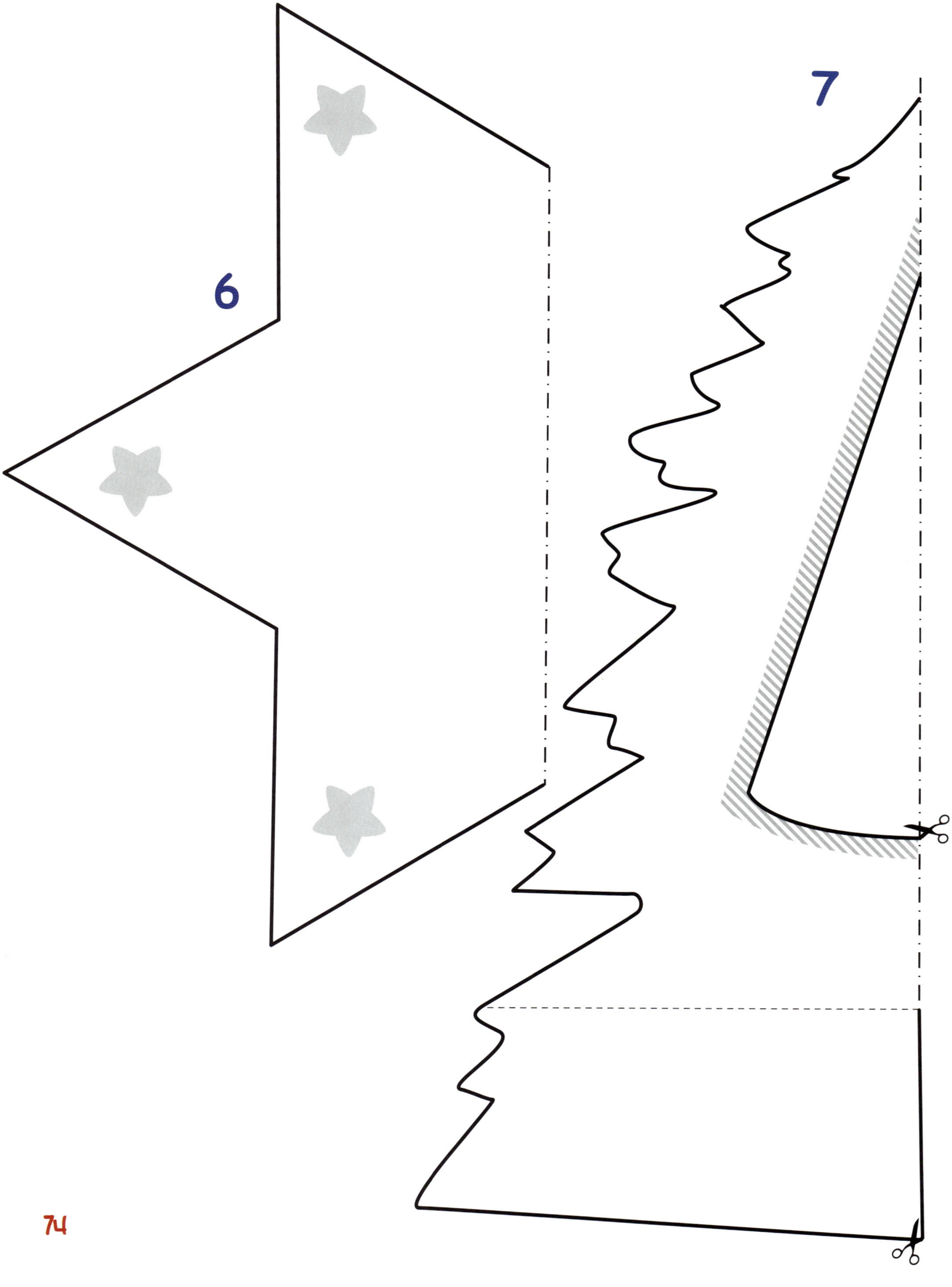
6
7

8

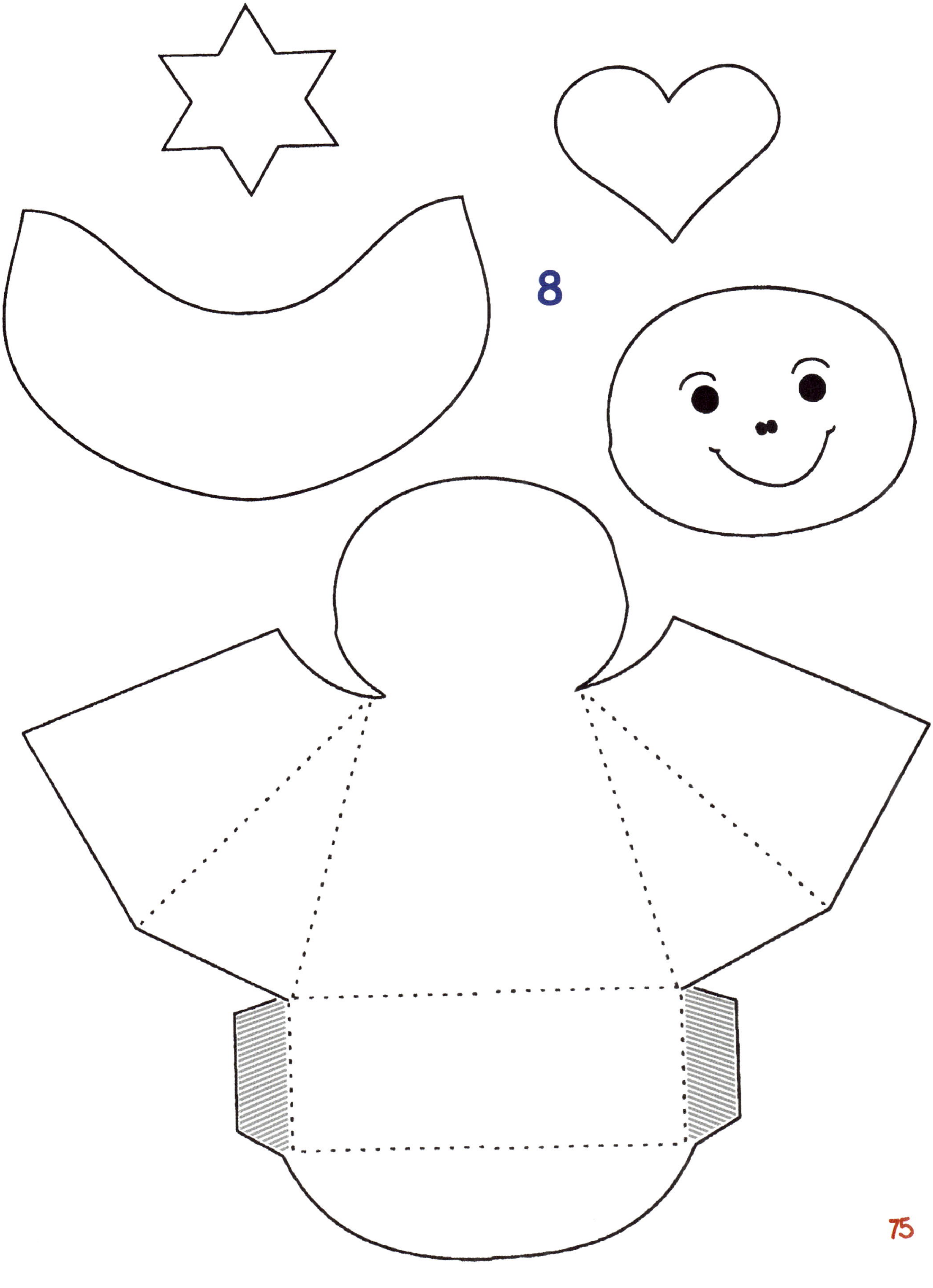

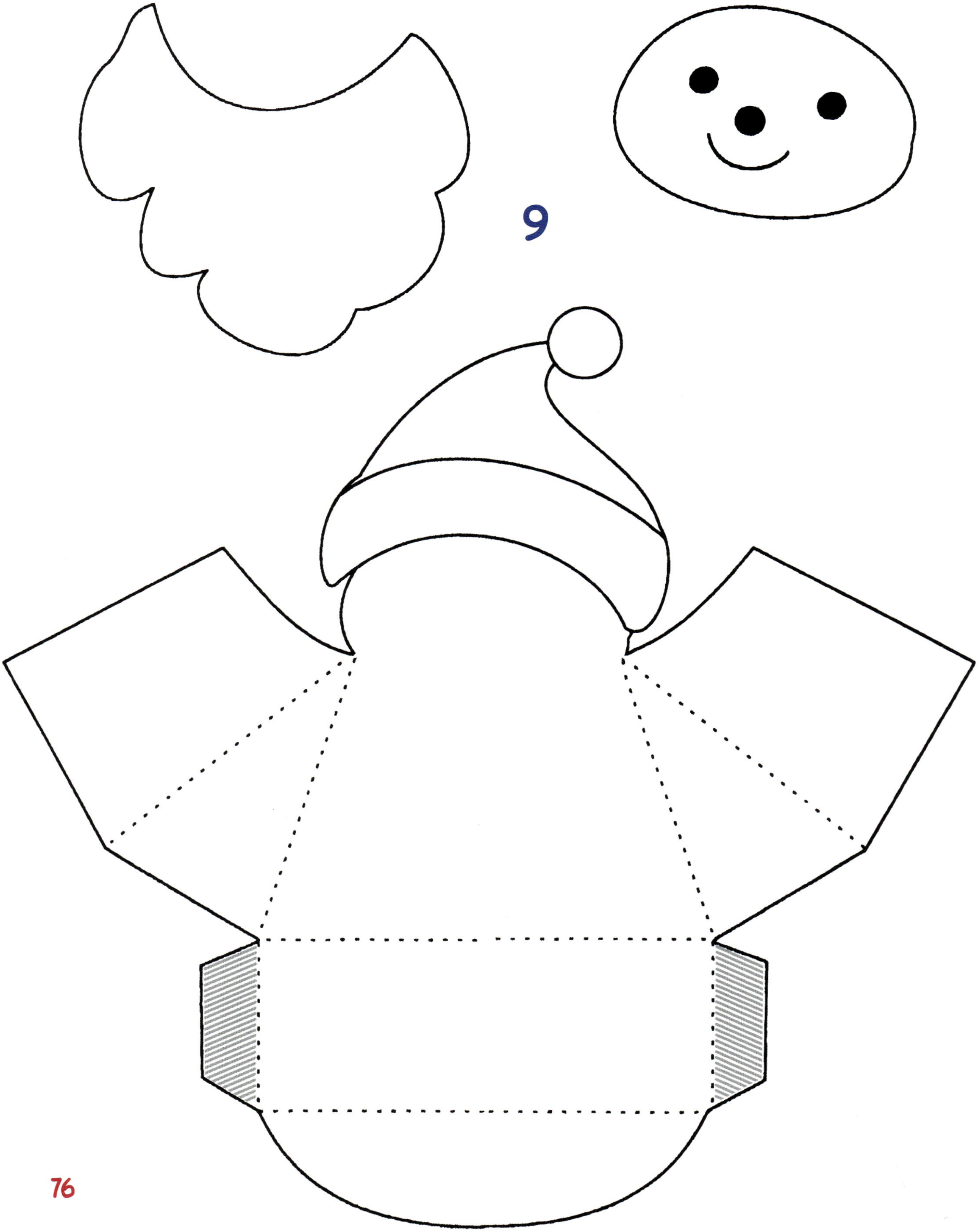
9

10

11

12

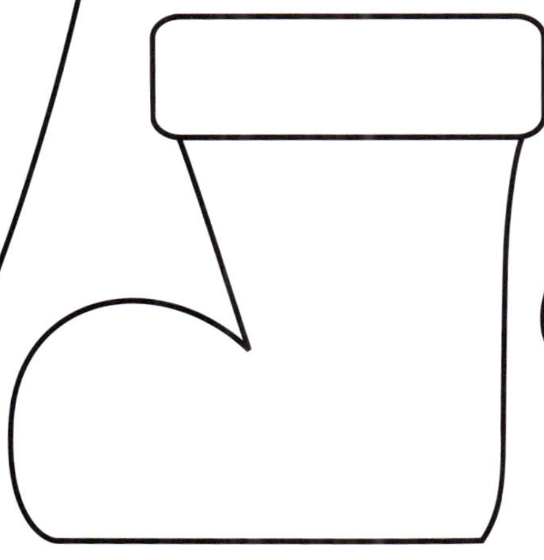

13

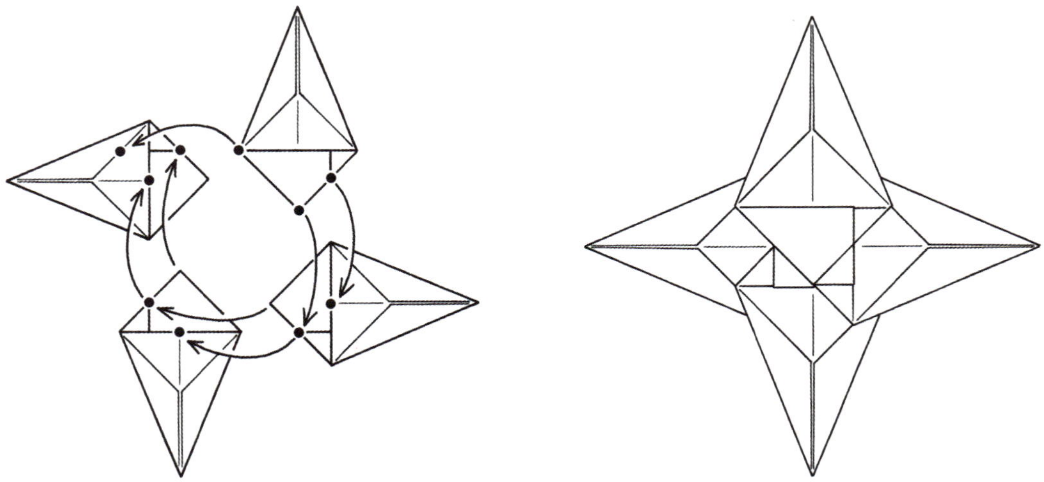

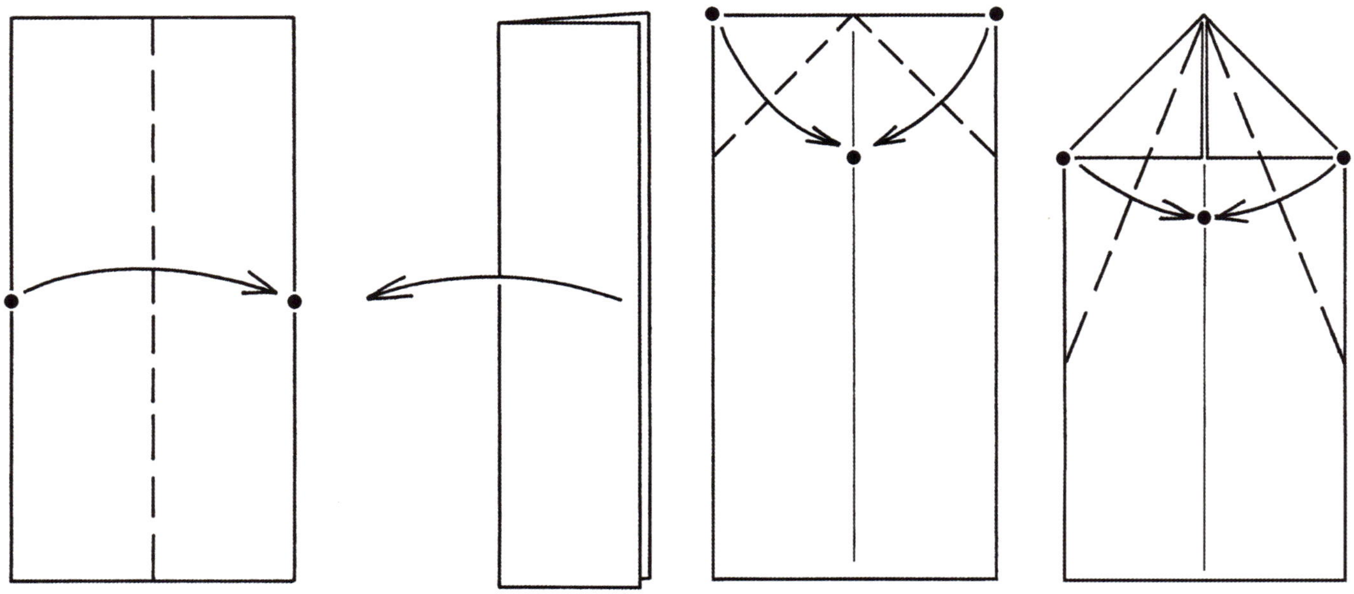

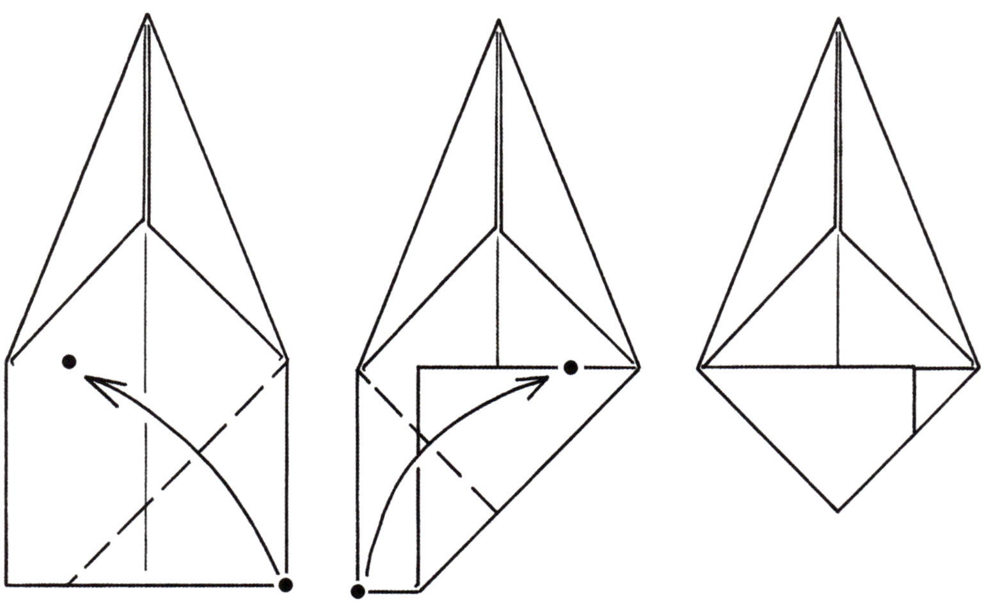

14

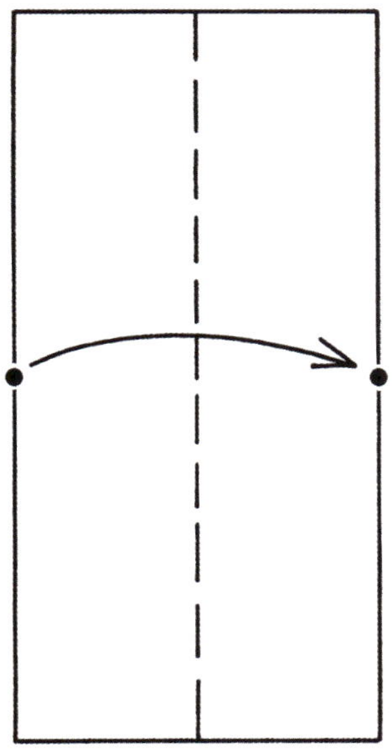

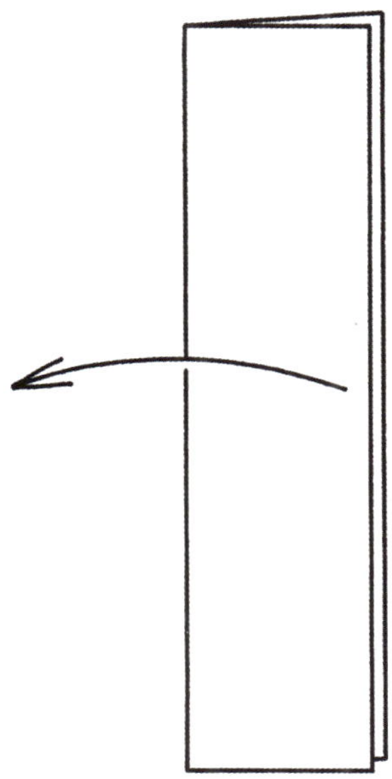

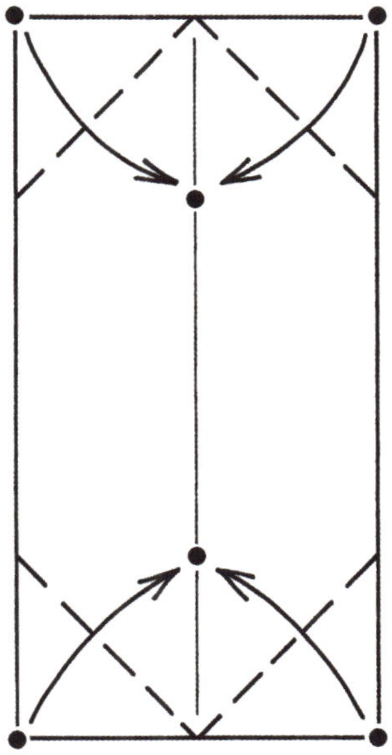

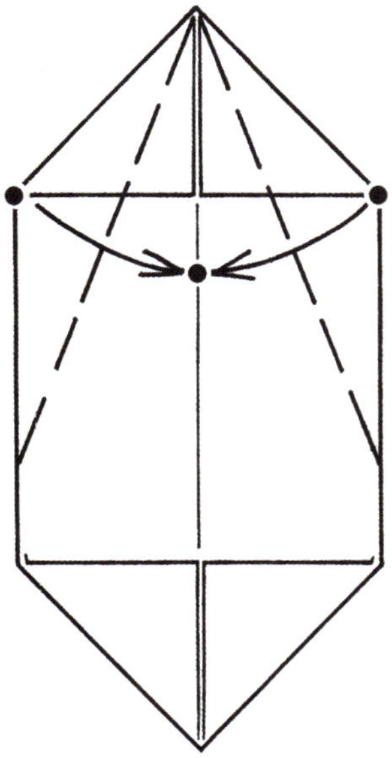

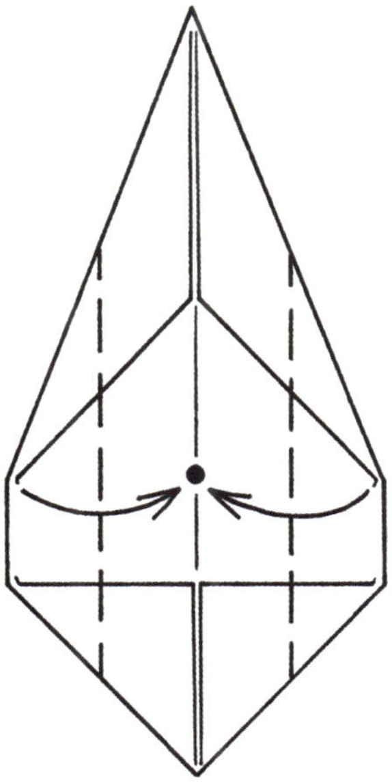

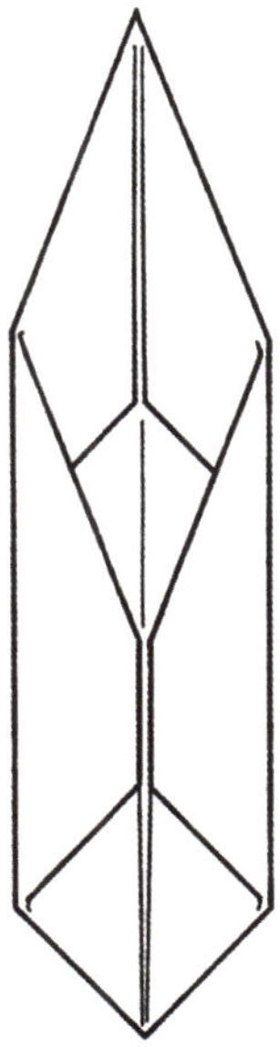

15

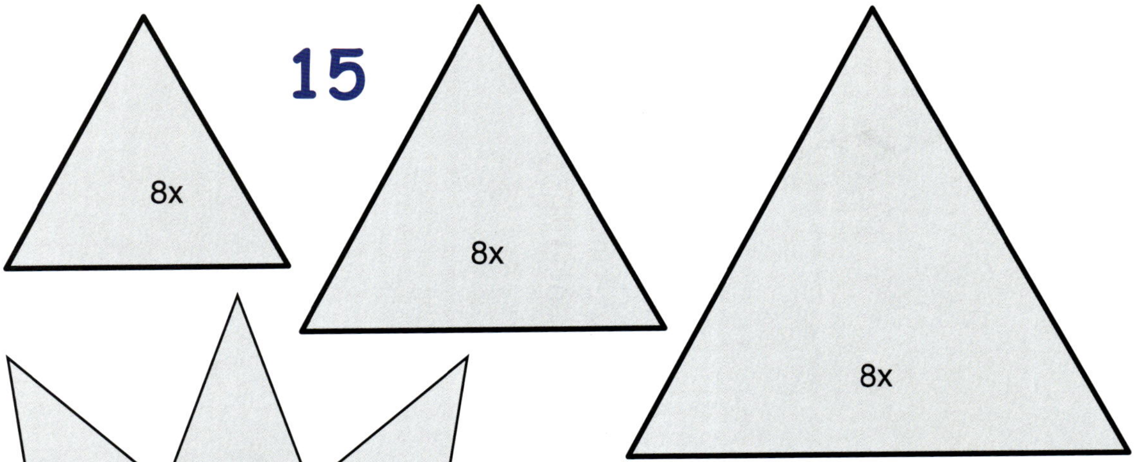

16

17

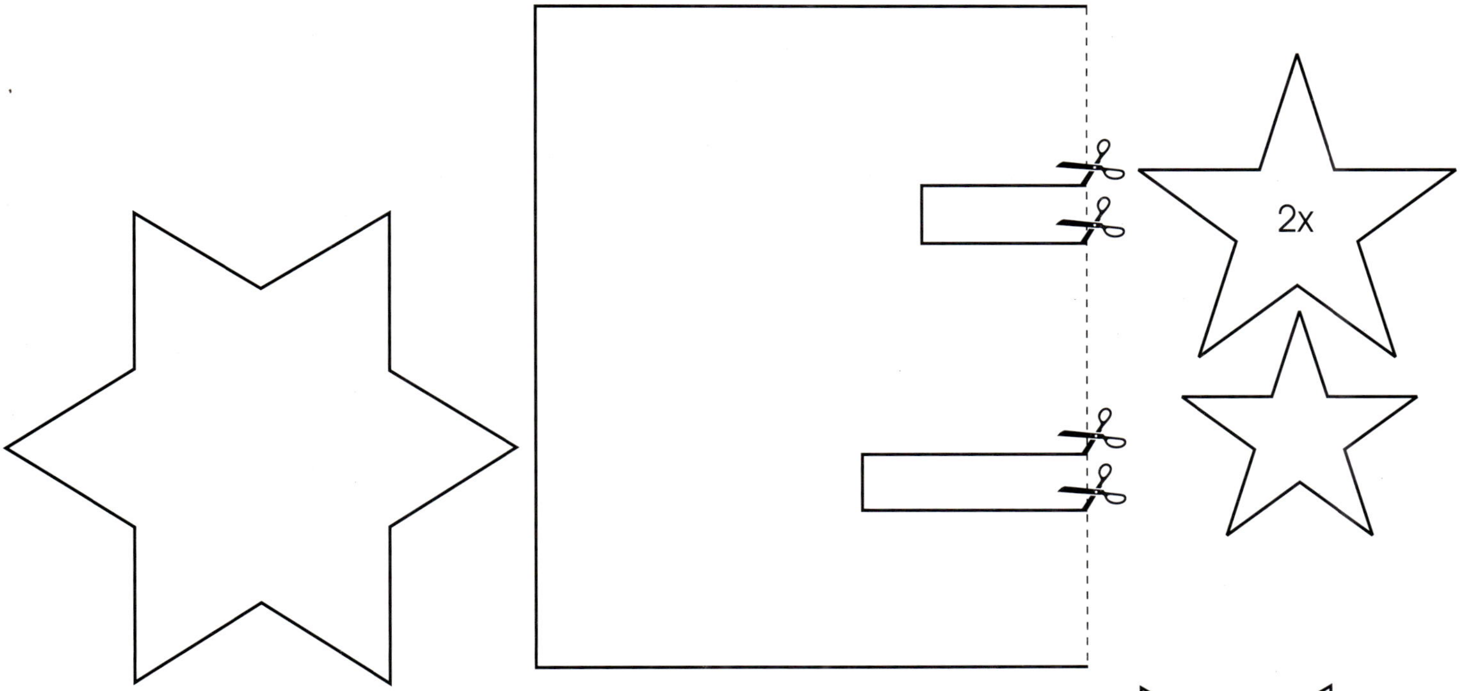

18

19

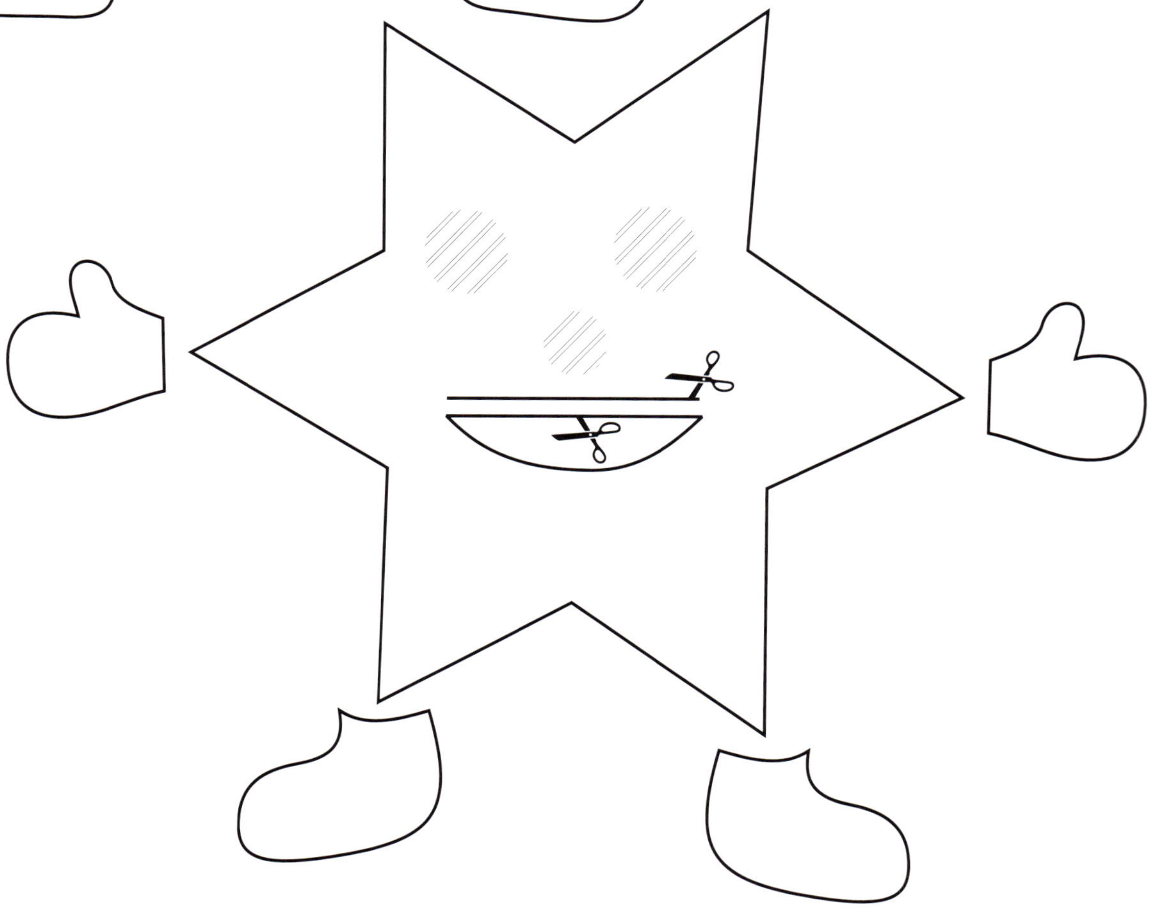

20

21

22

23

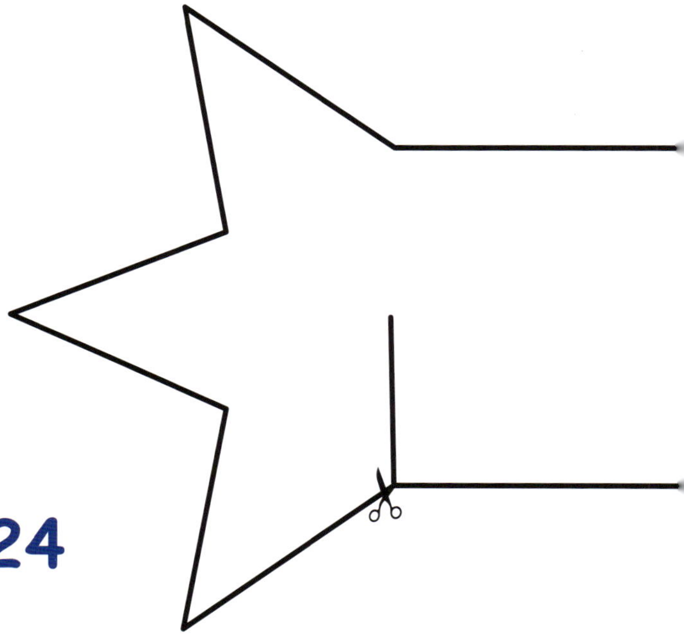

24

24

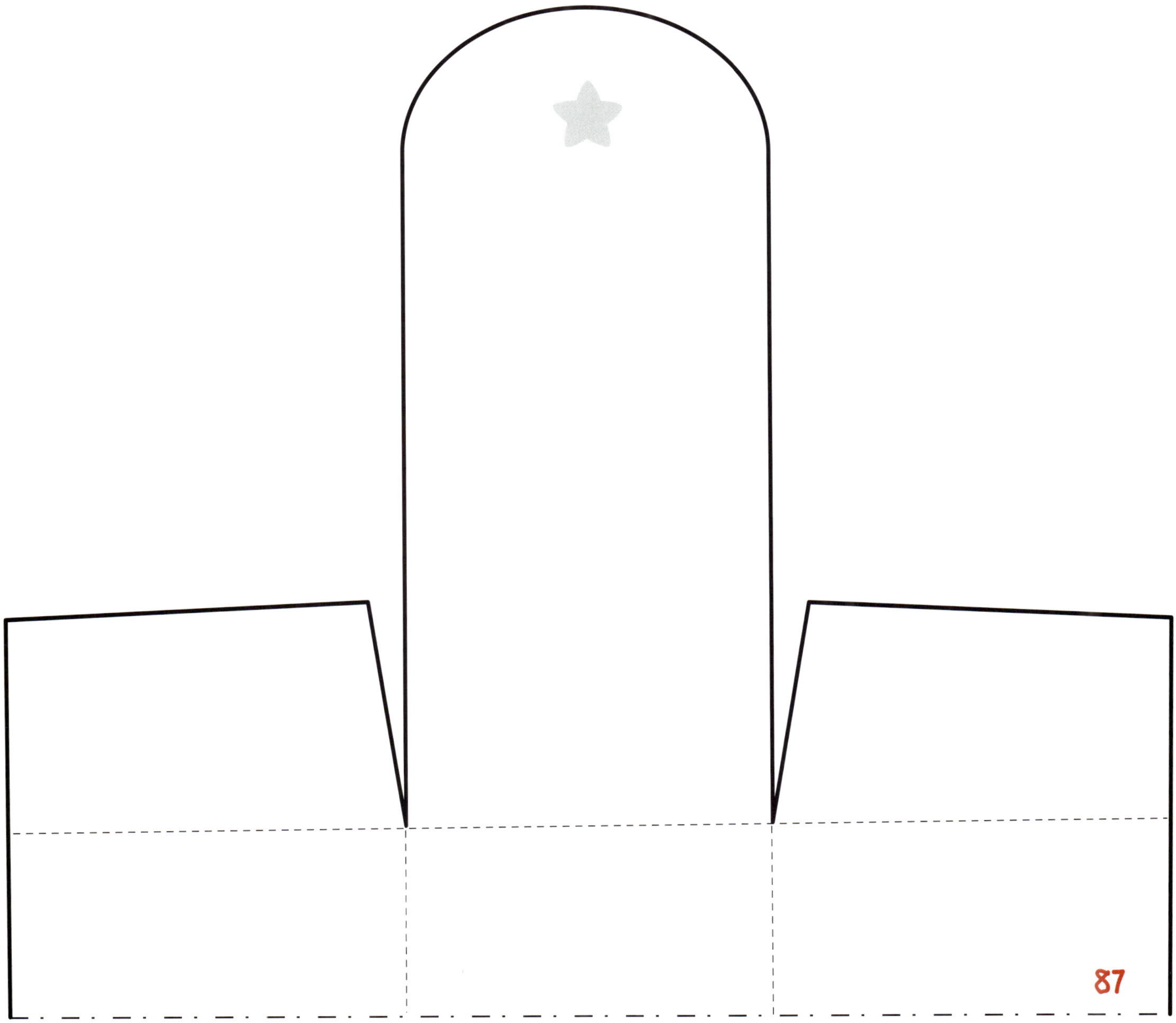

25

26

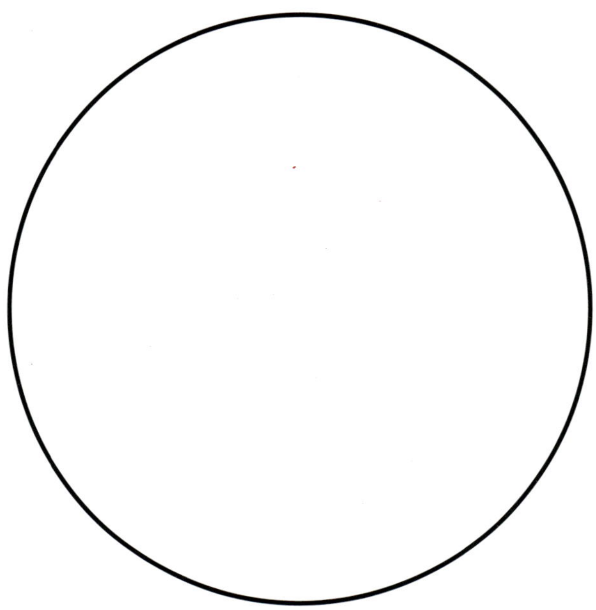

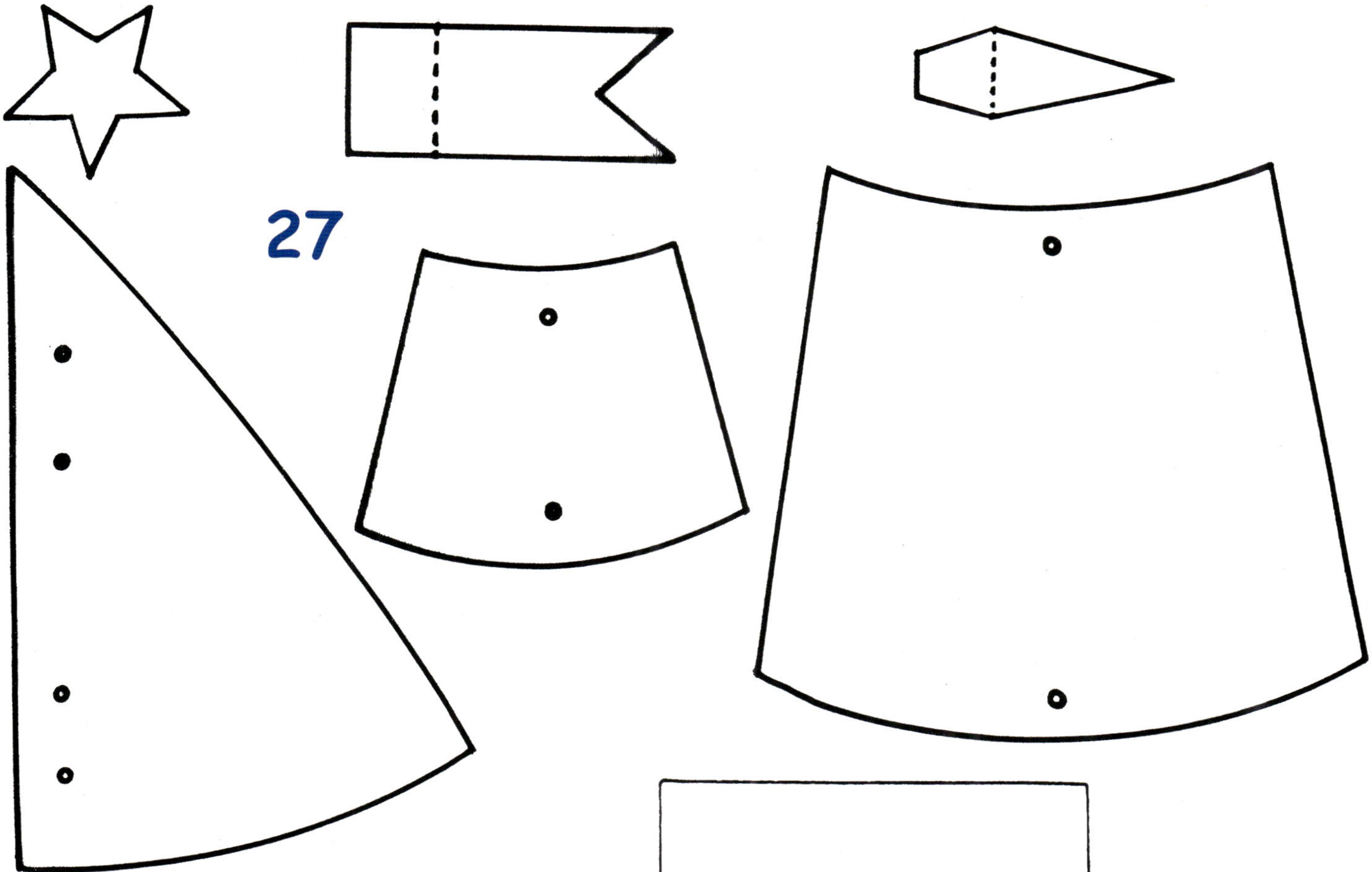

27

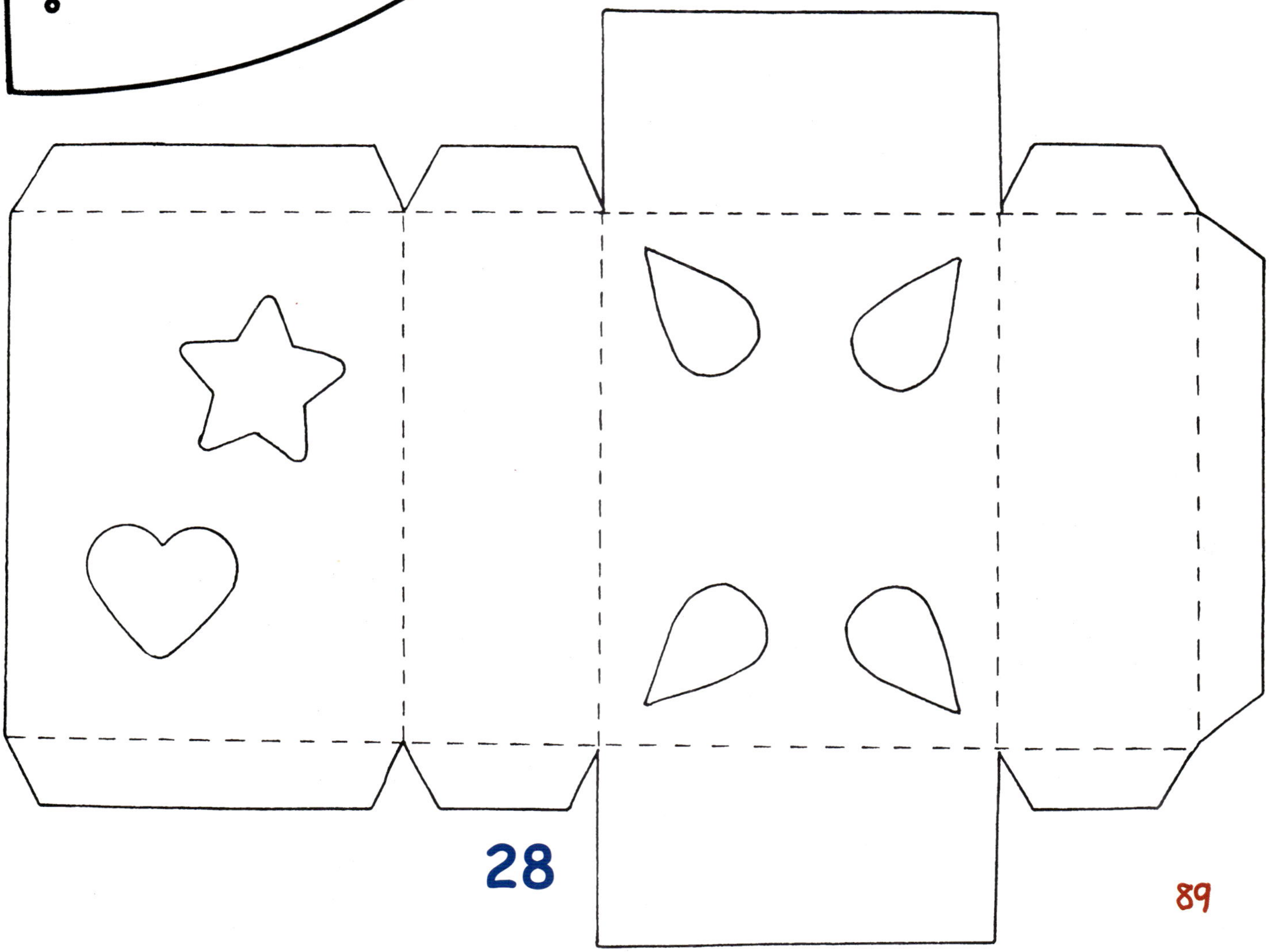

28

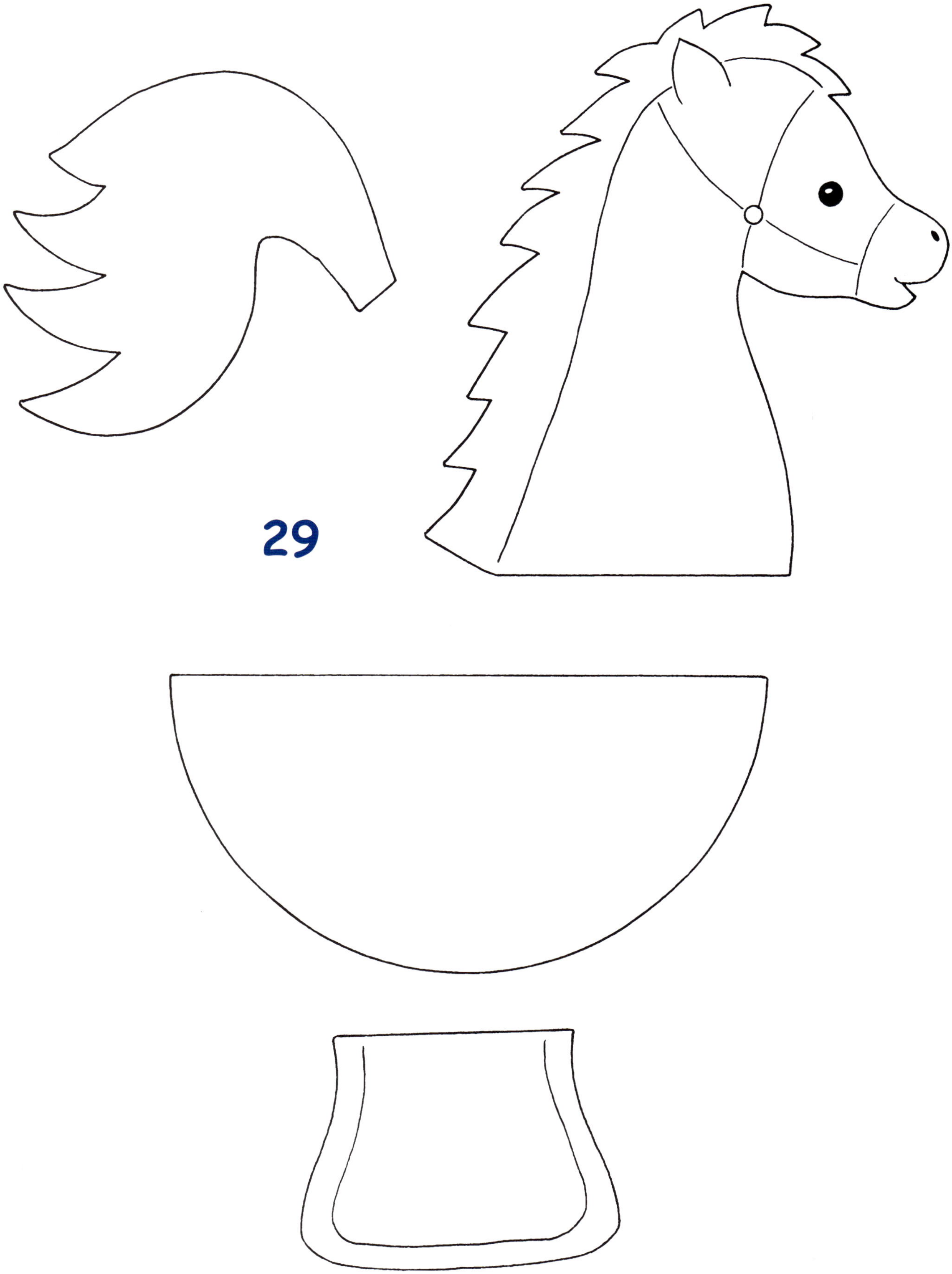

29

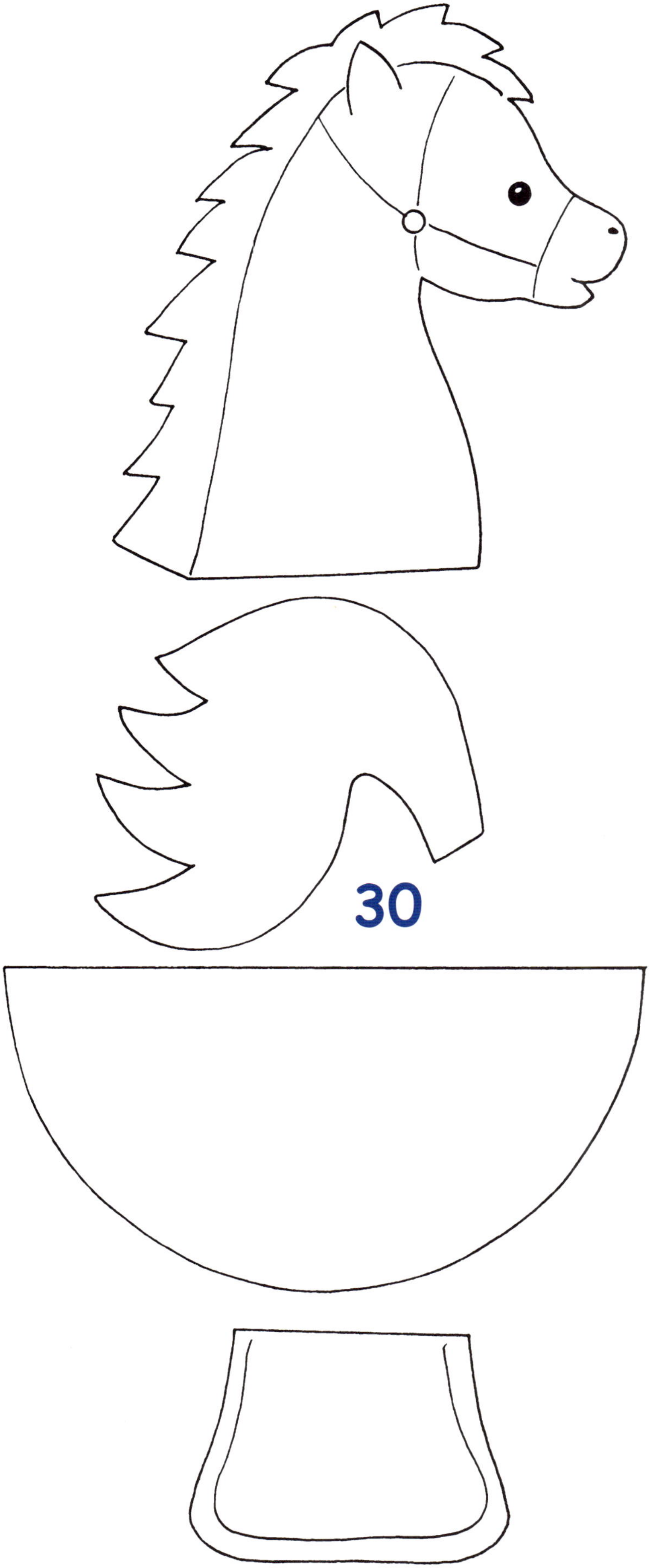

30

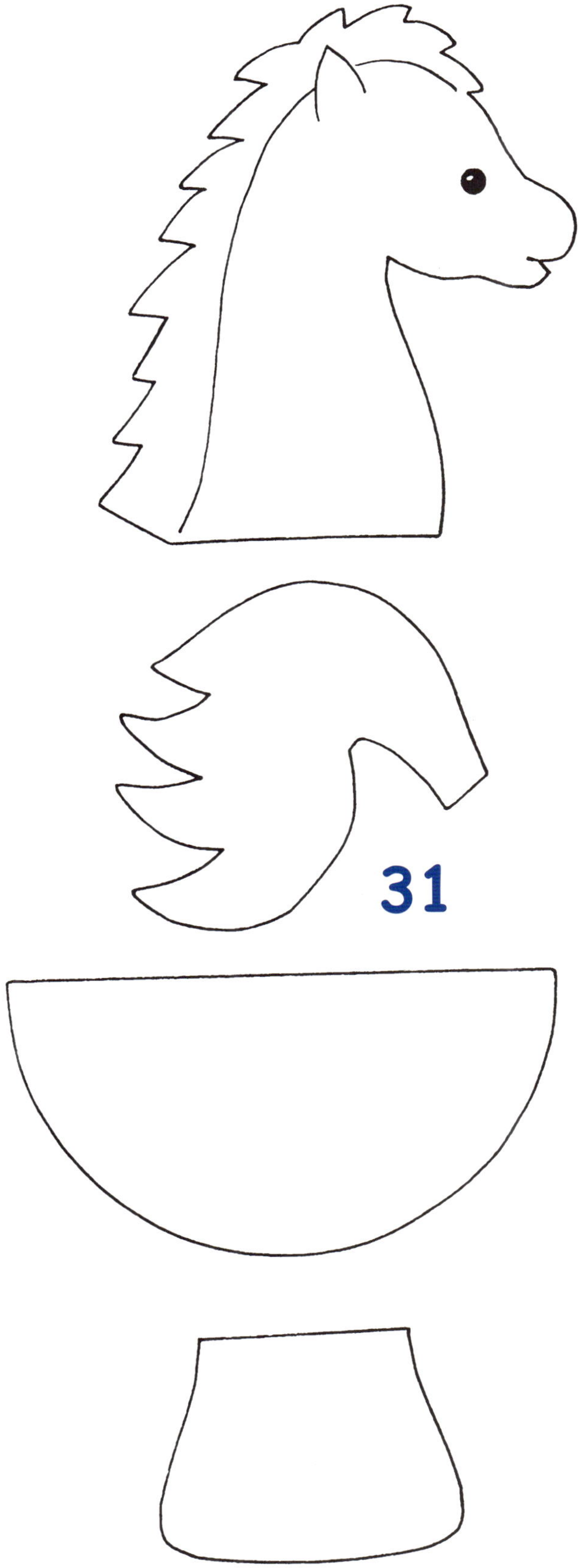

31

33

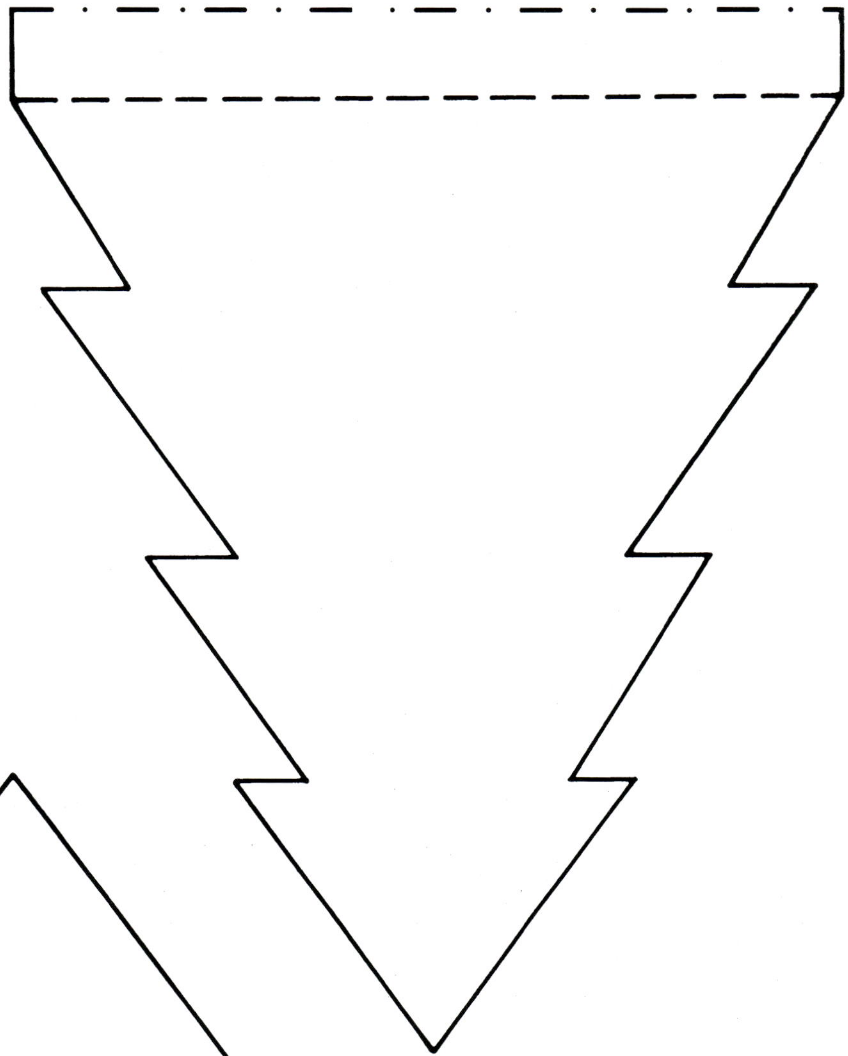

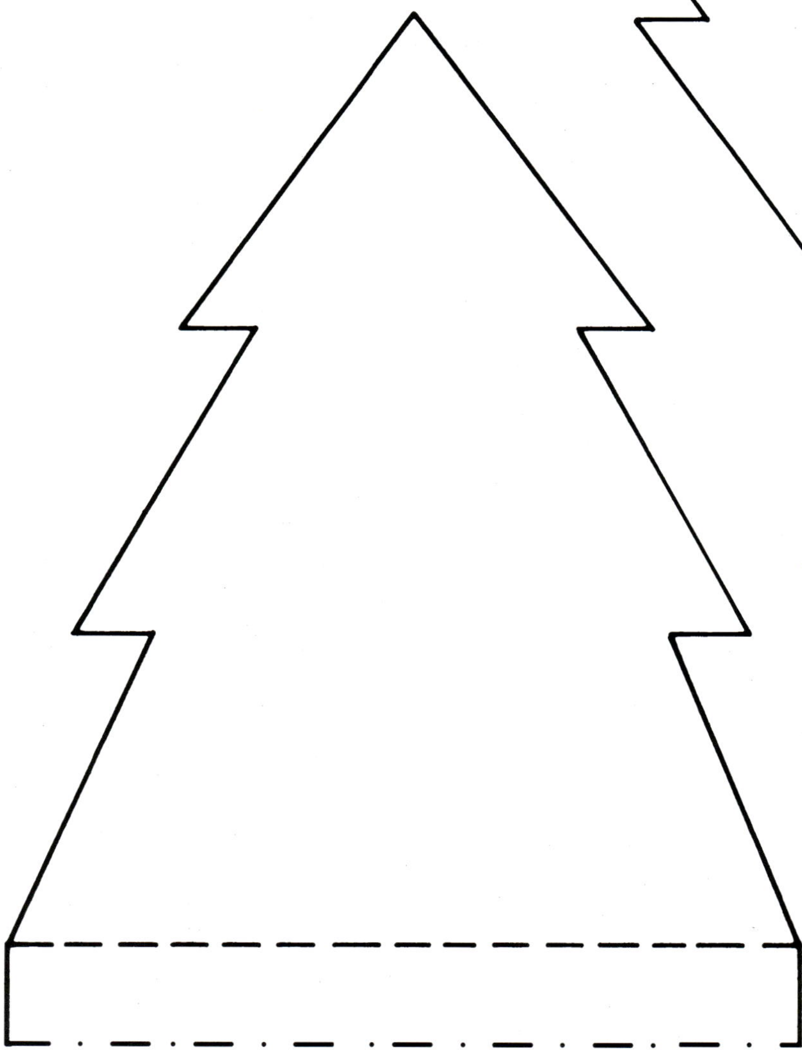

32

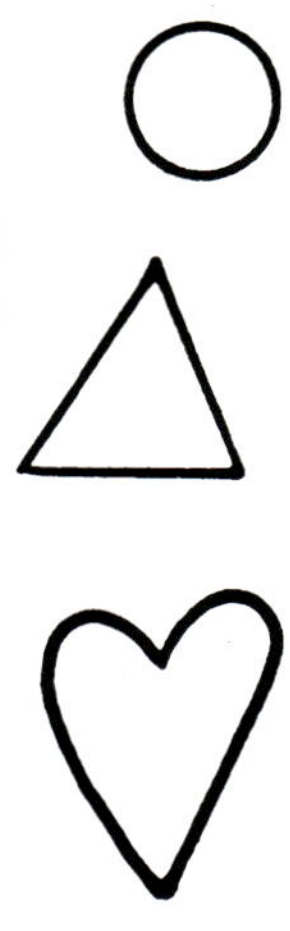

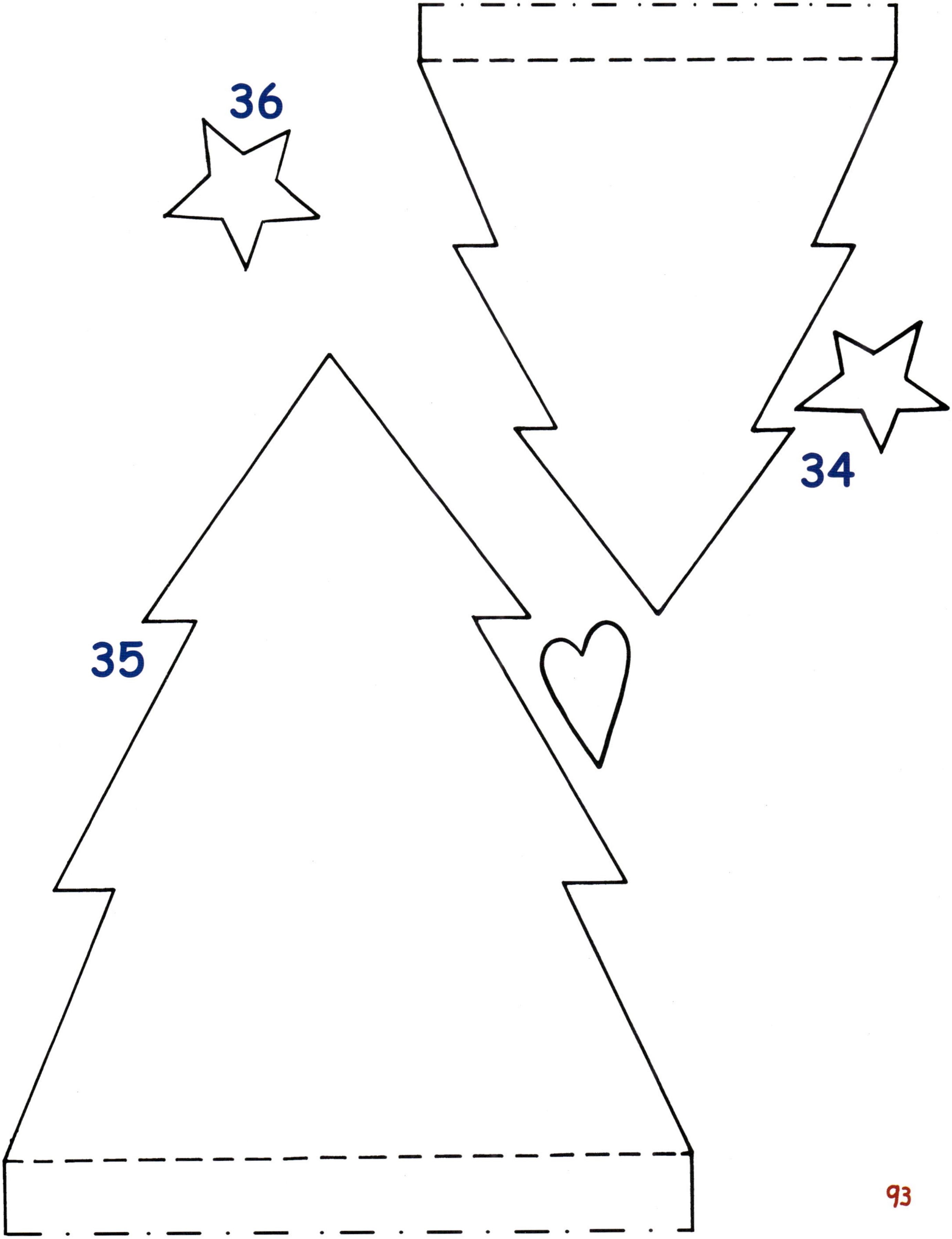
36
34
35

Impressum

Autorinnen:
Erika Bock, Seiten 16 – 19, 50/51, 68/69

Kathleen Lützner, Seiten 34 – 39

Ursula Ritter, Seiten 22/23, 42/43, 46/47, 56/57

Sybille Rogaczewski-Nogai, Seiten 26 – 29, 52/53, 58/59, 62/63

Martha Steinmeyer, Seiten 12 – 15, 20/21, 30 – 33, 44/45, 54/55, 60/61

Birgit Utermarck, Seiten 66/67, 70/71

Abbildungen:
Roland Krieg, Seiten 13, 15, 21, 71, 67

Ursula Markus, Seiten 11, 25, 95

Christoph Schmotz, Seiten 17, 19, 23, 27 – 39, 43 – 47, 51– 63, 69

Heidi Velten, Seiten 41, 49

Illustrationen: Julia Ginsbach

Printed in Czech Republic
ISBN 3-419-53622-4

Produktion: art und weise, Merzhausen

Druck: Graspo, Zlin 2003